_____ 님께

일기마력

김영복

현장 경찰관의 20년 일기 이야기
Diary Magic

일기 마력

김영복 **지음**/ 모두출판협동조합(이사장 이재욱) **펴냄**

초판발행 2025년 9월 9일

북PD 김채윤 **디자인** 김채윤

ISBN 979-11-89203-61-0(03810)

ⓒ 김영복, 2025

모두북스 **등록일** 2017년 3월 28일 **등록번호** 제 2013-3호

주소 서울 도봉구 덕릉로 54가길 25 (창동 557-85, 우 01473)

전화 02)2237-3301, 02)2237-3316 **팩스** 02)2237-3389

이메일 seekook@naver.com

*책값은 뒤표지에 씌여 있습니다.

*이 책의 본문은 '을유1945' 서체를 사용했습니다.

일기마력

김영복

현장 경찰관의 20년
일기 이야기   Diary Magic

MODOOBOOKS

머리말
일기, 내 인생의 분기점

경찰관으로 오랜 시간을 보냈습니다.

낮과 밤이 따로 없던 현장에서, 날마다 크고 작은 사건을 마주하며 정신없이 살아냈습니다. 억울함을 풀어주기도 했지만, 그러지 못한 날은 인지상정(人之常情)으로 오래 죄송한 마음을 품어야 했습니다.

그렇게 치열하게 살아가면서도, 그 시간을 자신의 언어로 꼬박꼬박 기록하지는 못했습니다. 하루하루 살아내기 바빴고, 제대로 된 '기록'은 늘 뒷전이었습니다. 퇴직 후에야 비로소 삶의 속도가 느려지면서 인생을 돌아볼 시간이 생겼습니다.

처음엔 허전했습니다. 매일 쏟아지던 일들이 사라지고 나니 마음 한구석이 텅 빈 듯했습니다. 그러면서 친구로 자리 잡은 일기(日記)가 마음의 텅 빈 구석을 조금이나마 채워주는 역할을 해주어 얼마나 다행스러웠던지 가슴을 쓸어내렸습니다.

일기를 써야겠다고 처음 마음먹었던 기억이 새롭습니다.

대학의 최고경영자과정 학우들이 단체로 베트남과 캄보디아 여행을 갔을 때 일행 중의 한 사람이 보여준 일기장을 보고 '나도 일기를 써야지' 다짐했습니다.

나름 사회적으로 성공한 사람이라 여겨졌던 그 학우가 자신의 입지는 순전히 일기(日記) 덕분이라고 했기 때문입니다.

조용한 아침, 미리 마련한 노트를 꺼내 들었습니다.

펜을 들어 짧게 써 내려간 몇 줄, 그게 나의 첫 번째 일기였습니다.

"오늘 아침, 아무 일도 없었다. 그런데 이상하게 고요함이 낯설다."

단 한 줄이었지만, 그 문장을 쓰고 나니 울컥하는 감정이 올라왔습니다. 누구에게도 보여줄 일은 없었지만, 그 글을 본 순간이야말로 내가 처음으로 '나'를 마주한 순간이었습니다. '일기(日記)'라는 보물섬을 찾아낸 그 일은 오랜 경찰 생활 중에서도 각별한 분기점(分岐點)이 되었다고 고백합니다.

처음부터 잘 써볼 엄두는 내지 못했습니다.

그저 한 줄이라도 써보자는 마음으로 시작했습니다. 어렵게 생각하면 시작조차 하지 못할 테니까요. 일단 쓰고 보자. 그 마음으로 며칠을 계속 썼고, 점점 하루의 일과와 그날그날의 마음 씀씀이까지 자연스레 써 내려가게 됐습니다.

그렇게 시작한 '누구라도 쓸 수 있는 일기'는 어느덧 내 삶을 바꿔놓았습니다. 일기를 쓰기 시작한 이후로 나의 '경찰관' 생활도 달라지기 시작했습니다. 앞에서 '분기점(分岐點)'이라는 표현을 썼듯이 일기를 쓰기 이전의 나와 일기를 쓰기 시작한 이후의 나는 같은 사람이면서 전혀 다른 사람이라고 할 수 있습니다.

　이제 나는 매일 '삼시세끼' 밥 먹듯이 글을 쓰는 사람이 되었습니다. 이 변화는 나에게 무엇보다 소중한 선물입니다.

　이 책을 쓰게 된 계기 중 하나는 아버지의 칠순(七旬) 잔치였습니다. 가족이 둘러앉아 웃고 이야기 나누던 그날, 문득 생각해 봤습니다.

　'아버지는 어떤 마음으로 살아오셨을까? 그 지난 세월을 어디에 담아 두셨을까?'

　돌아보니, 아버지 세대는 기록보다 침묵에 익숙했습니다.

　가슴에 품은 사연은 많았지만, 마음속에서 꺼내 종이에 적는 일은 거의 없었습니다.

　나는 결심했습니다.

　우리 세대부터는, 아니 지금부터라도 일기라는 도구로 삶을 남겨야겠다고. 나는 문학을 전공하지 않았고, 특별히 글을 배운 적도 없습니다. 하지만 지금은 글을 씁니다. 에세이를 쓰고, 책을 쓰고, 그리고 매일 아침, 일기(日記)를 씁니다.

　이 책이 일기를 처음 쓰려고 하는 분들에게, 또 바쁜 일상에서도 '글쓰기'를 원하는 분들이나 한 번쯤 자신의 삶을 돌아보시려는 분들에게 작은 불씨가 되었으면 합니다.

　일기 쓰는 데 특별한 재능이 필요하다고 생각지는 않습니다. 그저 자기의 삶을 가만히 바라보고, 솔직하게 마주하는 것. 처음엔 어색할지 몰라도, 매일 한 줄씩 쓰다 보면 어느새 자연스러워집니다. 그게 바로 습관의 힘이고, 기록의 마법입니다.

　물론 이 책의 저자인 저도 아직 배워가는 중입니다.

어떻게 살아야 잘 사는지, 그런 삶에 대해 어떻게 기록해야 진심이 전해질지… 책을 두 권 출간했음에도 글 쓰는 마음자리는 항상 배운다는 자세입니다.

하지만 한 가지는 확신합니다.

글을 쓰는 삶은 글을 쓰지 않던 삶보다 훨씬 깊고 충만하다는 사실입니다. 이 책이 독자 여러분에게 펜을 들게 하는 작은 용기로 작용하길 바랍니다. 일기를 시작하는 여러분의 여정이 행복하시기를!

차례

머리말 일기, 내 인생의 분기점 6

제1장 일기, 인생을 바꾼다

그날 처음 일기를 쓰기 시작했다! 19
일기, 나부터 바꾼다 31
감사 일기로 하루를 연다 34
글쓰기도 습관이다 37
기록은 기억이다 41
변화가 필요하다면 일기를 써라 44
하루 한 장, 날마다 쓰는 인생 자서전 47
작가로 살기로 했다면 50
목적이 있는 일기 53

제2장 일기를 쓰는 기쁨

날마다 원고지 10장 채우기	58
손 글씨와 타자, 무엇이 좋을까	61
사건 사고는 글감의 보고	64
일기 쓰기는 자기 계발이다	67
자유롭게 쓸수록 좋은 글	71
강점을 키우는 글쓰기 연습	74
매일 쓰는 습관이 글을 만든다	78
의미 있는 일기 쓰기, 제목을 붙여보자	81

제3장 처음 일기를 쓰는 그대에게

네 멋대로 써라	86
소소한 오늘, 조용히 써 내려간 일기	89
재미있으면 잘하게 마련이다	92
하루를 여는 문, 하루를 닫는 등불	95
닮고 싶은 사람, 닮아가는 나	98
현재를 잘 사는 미래 일기	102
포기하지 않으면 할 수 있다	106

제4장 꿈을 이루는 길, 일기 쓰기

어제보다 나은 오늘의 나를 위해	111
삶의 질을 높이는 일기 쓰기	114
일기를 쓰면 달라지는 것들	117
포기하지 않으면 결국 해낼 수 있다	120
일기 쓰기로 시작되는 좋은 습관	124
매일 글을 쓴다면 그 사람이 작가다	127
매일 읽고 쓰는 삶의 기쁨	130
습관의 힘과 건강	133

제5장 일기 쓰기, 7가지 실천 사항

시간을 만들어 가는 습관	138
나를 다듬는 두 가지 습관	141
삶을 바꾸는 습관, 일기의 힘	144
일기장 속에서 스트레스 풀다	147
글쓰기 강좌보다는 일기를 써라	151
세상을 담는 시사(時事) 일기	154
미래의 작가를 길러내는 습관	157

제6장 인생 2막을 위한 도전과 글쓰기

글쓰기로 나쁜 습관 고치다	162
필력을 키우는 베껴 쓰기	165
낙숫물이 언젠가는 바위를 뚫는다	168
상상하면 그대로 현실이 되는 글쓰기	171
글쓰기의 매력에 빠져 살다	174
후반부 인생의 필수품 글쓰기	177
내 안에 잠든 작가를 깨워라	180

제7장 10년 전 일기장을 읽으며

살아내는 힘, 그 작은 희망	185
용서의 진심, 그 경계선	188
아픔에서 피어난 희망	191
새벽 세 시, 부모의 얼굴	194
비어 고글, 서울의 밤에 홀린 청춘	197
햇살 속의 기억, 사랑의 흔적	200
술잔 속, 반복되는 얼굴들	204
가시 같은 이해	207
한 사람의 인생에서 배우는 교훈	211
아버지의 언어	214
인생의 끝자락에서 만난 두 사람 이야기	217

맺는말 지금부터, 그대의 하루를 써보세요   220

제1장

일기,
인생을 바꾼다

그날 처음 일기를 쓰기 시작했다!
일기, 나부터 바꾼다
감사 일기로 하루를 연다
글쓰기도 습관이다
기록은 기억이다
변화가 필요하다면 일기를 써라
하루 한 장, 날마다 쓰는 인생 자서전
작가로 살기로 했다면
목적이 있는 일기

그날 처음 일기를 쓰기 시작했다!

'늦깎기'란 말 그대로 나이 오십에 처음 일기를 써봤다.

일기를 쓰게 된 동기나 사연도 나름으로는 조금 특별하다. 대학의 최고경영자과정에서 한 학우가 쓴 일기장을 보고 충격을 받고 나서였다. 그 학우는 당시 서울시의원으로 활동하던 중이었는데, 차기 국회의원 공천을 받을 거라고 자신감이 가득했다. 그런데 시의원직까지 그만둘 정도로 배수진을 치면서 열심히 선거운동을 했지만, 아쉽게도 국회의원 공천은 받지 못했다.

만약 공천받고 국회의원에 당선되었더라면 분명 성실한 의정활동을 했을 것이다. 초등학교 때부터 일기를 써왔다는 사실에서 성실함과 리더십을 엿볼 수 있었기 때문이다.

2007년 7월 여름이었다.

최고경영자과정에서 베트남과 캄보디아로 여행을 갔다. 그 학우는 그 여행 중에도 꼬박꼬박 일기를 썼다. 처음에는 일기를 쓰는 줄도 몰랐는데, 귀국길 공항에서 일기장을 보여주어 알게 되었다. 평소 학생들만 일기를 쓰는 줄 알고 있었던 필자는 '성인이 되어서도 일기 쓰는 사람이 있구나?' 하는 생각을 했다.

"초등학교 다닐 때부터 일기를 써온 덕분에 이 정도로나마 성공할 수 있었지요."

그 나이에 서울시의원이면 성공한 인생이라고 할 만했다. '성공'이라는 말이 귀에 걸리면서 일기(日記)라는 말도 머리에 쏙 들어왔다. '이 사람이 하는 일이라면 나라고 할 수 없으랴!' 하는 오기 비슷한 의욕도 발동했다.

자기계발서는 대부분 '역할(롤) 모델'을 정해놓고 닮아가기를 부추기는 면이 있다. 필자의 경우, 일기 쓰기가 그랬다. 일기를 매개로 동년배인 그가 정치인으로 성장해 나가는 모습을 닮고 싶은 욕구가 솟구쳤던 셈이다.

'그렇다면 지금 내가 할 수 있는 일이 뭘까?'

서울시의원이 될 수는 없었지만, 일기는 쓸 수 있었다. 여행을 마치고 돌아온 다음 날, 바로 일기를 처음 쓰기 시작했다. 그 학우의 반듯한 일거수일투족이 필자가 일기를 쓰기 시작한 직접 동기였던 셈이다.

일기 쓰는 일이 처음부터 순조로웠던 건 아니다.

당연한 일이지만, 무엇을 어떻게 써야 할지 망설여졌다. 필자는 출근하기 전의 아침 시간을 이용하여 일기를 쓰는데, 어제 있었던 일을 몇 줄만 끄적거리고 나면 쓸 게 없었다. 그래도 포기하지 않고 매일 조금씩 써나갔다.

글감이 없는 날은 다이어트를 위해 운동해야 한다는 하나 마나 한 이야기도 썼다. 간절하게 금주(禁酒)를 원하던 때라 그런 내용을 썼다. 쓸 게 없어도 무엇이든 끼적거렸다. 그랬더니 어느 순간부터 쓰는 일은 습관이 되었다. 습관이 되자 오히려 아침에 일기를 쓰지 않으면 무언가 하지 않은 것처럼 허전하기까지 했다.

야간근무가 있는 날은 일기를 쓰지 못했다. 그러다가 며칠간 훌쩍 지나가는 날도 있었다.

습관이 정착되지 않아서 그랬던 모양이다. 야간근무를 하는 날은 자동차에 일기장을 싣고 다니며 썼던 기억도 난다.

일기장은 이제 나에게 보물 1호다.

어릴 적부터 이렇게 열정적으로 썼더라면 하는 후회가 몰려왔다. 지난 잘못을 거울삼아 일기를 쓰지 못해 잃어버린 수십 년의 세월을 후회하며 이제는 꼬박꼬박 일기를 쓰고 있다.

'늦게 배운 도둑 날 샌 줄 모른다.'

그렇다. 습관이 되니까 재미가 붙고, 재미가 붙으니 조금씩 삶의 변화가 일어났다. 가장 먼저 체감(體感)하기 시작한 변화는 책 읽기와 글쓰기였다.

환골탈태(換骨奪胎)라는 말도 공연한 표현이 아니었다. 일기를 써 나가면서 책 읽기와 글쓰기에 대한 자신감도 생기기 시작했다.

경찰에서 퇴직한 후에도 필자는 두 권의 저서를 출간한 작가로 대접받는다. 물론 지금도 글 쓰는 일에 진심을 기울하고 있기 때문이겠지만, 십 년 넘게 일기를 써온 덕분이다.

경찰관의 일기 쓰기

현직 경찰로 근무할 당시가 떠오른다.

야간근무를 마치고 비번이나 휴무 날은 거의 매일 산행을 했다. 산행하면서 있었던 특별한 일을 기억해 두었다가 일기장에 옮겼다. 덕분에 산행은 자신을 성찰하는 시간이 되었다. 어느 날부터 일기에 제목을 붙여 썼더니 훨씬 일목요연해 보였다.

제목 붙인 일기는 어느 날 빛을 발했다. 일기를 쓰기 시작한 지 6개월쯤 지났을 때였다. 하루는 서점에 들렀는데, <행복한 동행>이란 잡지가 눈에 들어왔다. 독자들이 보낸 원고로 편집한 월간지였는데, 내 글도 책에 싣고 싶었다. 몇 번을 망설이다가 사건처리 했던 내용들을 다듬어서 출판사로 보내기로 했다.

'채택되면 좋고 안 되더라도 손해 볼 일은 아니지.'

이런 판단이 섰기 때문이다. 일단 제출해 보자는 생각으로 담당자한테 전화를 걸었다. 그는 필자의 이야기를 듣더니 원고를 보내달라고 했다. 당시 거의 매일 대학노트 한 장을 빽빽하게 쓰고 있었는데 A4지 한 장 채우는 일은 쉬웠다. 평범한 내용보다는 독자들이 경험하지 못한 내용이면 더 좋을 것 같다는 생각이 들었다.

야간 근무를 하면서 20대 청년을 부축해서 집으로 데려다준 일이 있었다. 비가 추적추적 내리는 늦은 가을밤이었다. 술에 만취한 그는 아무리 흔들어 깨워도 일어나지 않았다. 할 수 없이 그의 호주머니를 뒤져 주민등록증을 찾았다. 다행히 부근의 다가구주택 옥탑에서 살고 있었다. 생각해 보라, 술에 취해서 축 늘어진 청년을 경찰관

두 명이 양팔로 어깨동무하고 5층 건물 옥상으로 올라가는 모습을.

술에 취한 사람이 무의식 상태라면 무진장 무겁다. 축 늘어진 건장한 청년은 더 무겁다. 하필 엘리베이트가 없는 5층 건물이라면 천하장사 강호동이라도 힘들었을 것이다. 등에서 연신 땀이 흘렀고 이기지 못한 술을 마신 청년이 엄청 미웠다.

하지만 어쩌랴, 국민의 생명과 재산을 보호하는 공무원이 아닌가. 빗물과 땀이 범벅이 되어 청년을 부축하여 올라갔다. 집이 어딘지 아무리 물어봐도 말하지 않았는데, 그의 어머니를 만나 보고서야 '말하지 못하고, 듣지도 못하는 장애가 있는 청년'임을 알았다. 술에 떡이 된 그를 데리고 가자 그의 어머니는 금방이라도 눈물을 흘릴 것같이 감사해했다. 얼마나 고마워하던지, 지금도 눈에 선하다.

이런 내용을 잘 정리해서 출판사로 보냈다.

며칠 후에 원고가 채택되었다면서 연락이 왔다. 생전에 이런 경험이 없던 터라 그 기쁨은 이루 말할 수 없었다. 출판사에서는 <행복한 동행> 1년치를 보내주었고, 고료와 함께 선물도 푸짐하게 주었다. 그때부터 글 쓰는 재미에 더욱 깊이 빠져들었다.

나는 일기 쓰기만으로 글쓰기를 할 수 있다고 생각한다.

일기 쓰기는 다른 사람에게 보여주지 않아도 되는 자신의 이야기다. 자신의 성찰, 뒤돌아봄, 계획과 반성으로 채워지는 자신을 알아가는 일이다. 내가 누구인지, 내가 무엇을 잘하는지, 나는 어떻게 살아가야 하는지 알게 한다.

10년 넘게 일기를 써오면서 필자는 인생이 바뀌었다고 생각한다. 그야말로 팔자를 바꾸게 되었다. 일기를 쓰지 않았더라면 상상도 하지 못할 일들이 기적처럼 일어났다. 오십 들어 시작한 일기 쓰기는 내 삶을 송두리째 바꾸어 버렸다.

변화가 필요한 당신, 일기를 써라

일기 쓰기가 하루치 목표가 된 지 십 년이 넘었다.
저녁에 한두 시간 운동으로 하루를 마무리하는 것도 마찬가지다. 되도록 매일 한 꼭지 책을 쓰려고 노력한다. 나는 책을 쓰는 일이 훨씬 낫다는 생각이 들었다. 일기는 혼자만 알게 되는 일로 그치지만, 책을 쓴다면 많은 사람이 읽어볼 수 있기에 훨씬 효과적이다. 나를 알리는 방법으로 책을 내는 일이 최고인 이유이다.
하루 한 장, 책을 쓰면 일기를 쓰는 분량과 같다.
필자는 일기를 써서 블로그에 비공개로 올린다. 공개할 수 있는 내용이라면 좋지만, 오픈할 수도 없고 고민할 때가 있다. 이럴 때는 망설이지 않고 공론(公論)의 얼개를 설정하여 책을 쓰거나, 책을 읽고 서평을 써서 블로그에 올린다. 의무감이나 사명감보다는 글을 잘 쓰는 훈련을 하는 차원에서 실천하는 것이다.
책을 읽고 서평을 쓰고 싶었는데, 자극이 필요했다. 그래서 어느 날 블로그에 올리자는 목표를 세웠다. 지금까지 수많은 책을 읽고 서평을 쓰지 않았다는 사실은 분명 문제가 있었다. 일단 한 번 해본 다음, 결과를 평가하기로 했다. 서평을 쓰는 일이 어렵다면 약식의 독후감으로 대신해도 좋다. 어쨌든 한번 시도해 보는 것이다.
무슨 일이든 매일 하다 보면 잘하게 된다.

사실 일기도 매일 써야 발전한다. 100세 연세에도 일기를 쓰는 김형석 연세대 명예교수는 조선일보에 일기를 연재하고 있다. 일기를 연재하는 이유는 잘 몰라도 재미있게 읽고 있다. 김형석 교수의 『백년을 살아보니』라는 책은 베스트셀러가 되었다.

만일 그가 책을 내지 않았고 글을 쓰지 않았더라면 많은 사람의 뇌리에 그런 이야기가 남아 있었을까. 그런 면에서 매일 글을 쓰는 일은 모두가 해야 할 일일 성싶다.

김형석 교수의 일기는 생활수필에 가깝다.

그만큼 틈나는 대로 자신의 주변에 일어나는 일들을 소재로 글을 썼다. 일기를 쓰지 않고 생활하고 있다면 신문에 연재되지 않았을 것이다. 글 쓰는 일도 습관이 되지 않으면 쓰지 않게 된다. 나이 한 살이라도 적을 때 습관을 들여야 할 수 있다. 무슨 일이든 습관 들이기가 중요하듯 일기쓰기도 마찬가지다. 일찍 습관 들수록 좋다.

토요일 일간지에 연재되는 <100세 일기>를 즐겨 읽는다.

마치 생활수필 식으로 쓴 일기다. 지난 오월 첫째 주 토요일은 반려견 또순이가 죽은 이야기를 썼다. 강아지는 비숑<BICHon> 종류 강아지인데 세상에서 주인을 가장 좋아하고 따르는 강아지란다. 강아지와의 생활을 이야기하다가 10년이 지나는 동안에 자신보다 더 빨리 늙기 시작했다고 한다. '사모하는 분의 품에서 편안하게 잠들 수 있어야 할 텐데'라고 마무리한 내용이었다.

일기를 읽고 가슴이 짠했다. 만일 김형석 교수가 일기를 쓰지 않았더라면 이런 내용을 알지 못했을 것이다. 매일 한 장 수필 같은 일기가 독자의 마음을 울린다.

글쓰기를 배우겠다고? 일기를 써라

글을 잘 쓰고 싶은 생각은 매일 꿈꾸는 바람이다.
'글 쓰기' 책을 모조리 사서 읽어도 양이 차지 않았다.
그러던 중에 '유명 작가에게 글쓰기 수업을 받으러 다닐까?' 하고 고민한 적도 있다.
그 대신 열심히 일기를 썼다. 하도 많이 써서 오십 견으로 고생한 적도 있다. 그런 열정 덕분에 지금도 어렵지 않게 글을 쓰고 있다. 늦게 깨달은 일이지만. 글쓰기도 포기하지 않고 끊임없이 써야 한다. 밥 먹듯이 반복했던 작심삼일(作心三日)을 생각하면 말이다. 무엇이든 시작했다면 끝을 본다는 열정이 있어야 한다.
글을 잘 쓰는 방법을 알려고 하기보다는 매일 꾸준히 실천하는 게 낫다. 매일 한 단락이라도 글을 쓰는 게 훨씬 낫다. 하루 한 편의 글을 쓴다고 생각해 보자. 더 많은 글을 쓰게 될 것이다. 글쓰기는 매일 많이 쓰다 보면 잘 쓰게 마련이다.
무조건 매일 쓴다는 목표를 세웠다.
매일 A4지 한 장 쓴다고 생각해 보자. 사실 김훈 작가는 매일 원고지 다섯 장, '일일오필'이라는 말을 책상 앞에 붙여놓고 글을 쓴다고 한다. 예비 저자라면 이런 자세를 반드시 배울 필요가 있다. 매일 글을 쓰는 사람이 작가다. 글 쓰는 작가가 글을 쓰지 않으면 작가가 아니다. 사진작가가 사진을 찍지 않는다면 그는 이미 사진작가가 아니다. 운동선수가 운동하지 않는다면, 그 또한 운동선수가 아니다.
매일 블로그에 서평을 올리는 강원국 작가도 그런 경우다. 그도 처음에는 글을 잘 못 썼다고 고백했다. 그렇지만 매일 한두 편 서평을 블로그에 올리기 시작하여 글을 잘 쓰게 되었다고 말한다. 처음 블로그에 올린 글을 보면 중학생 실력 정도, 잘 봐주면 고등학교 정도라고 말한다. 그의 책『강원국의 글쓰기』에 나오는 내용이다. 그도 많이 쓰고부터 필력이 생기기 시작했던 모양이다. 물론 문학적인 글쓰기가 아니니까 글쓰기가 쉬웠다고 했겠지만 말이다.

　매일 많이 쓰다 보면 글은 잘 쓰게 되어 있다.

　굳이 글쓰기를 배우러 유명 선생을 찾아다닐 필요가 없다. 글쓰기는 많이 쓰다 보면 글이 는다는 사실만 알고 쓰면 된다. 유명 작가들이 강조하는 말이 있다.

　"지금 당장 글쓰기를 시작하라!"

　그렇다. 글쓰기를 배우기 위해 멀리 찾아다닐 필요가 없다는 말이다. 글은 재능이 아니라 꾸준함이다. 어떤 재능도 매일 많이 쓰는 사람을 이기지 못한다는 뜻이다.

　『마법의 코칭』등 많은 책을 쓴 정은상 작가는 매일 '아침 편지'를 메일로 보내고 있다. 솔직히 편지쓰기를 통해 글쓰기 훈련을 하고 있다는 말이 맞을 것이다. 글쓰기 훈련을 위해 나한테 보내는 편지 쓰기도 좋다. 글쓰기를 연습하는 데 좋은 방법의 하나다. 매일 원고지 10장 이상 쓴다고 생각해 보라. 결코 무시하지 못할 분량이다.

　무림의 고수도 매일 연습하지 않으면 공력에 녹이 슨다. 글쓰기도 매일 연습하는 방식이 최상의 방법이다. 매일 하지 않으면 발전하지 못하고 멈출 수밖에 없다. 세상에 연습해서 성장·발전하지 못하거나 주저앉을 일이 무엇인가. 연습하고 훈련하면 발전하게 되어 있다. 결코 글쓰기도 예외가 아니다. 그러니 글쓰기도 매일 많이 쓰는 연습과 훈련을 해야 한다.

사람들은 왜 매일 훈련과 연습을 하지 않을까?

대부분은 시간이 없다고 말한다. 시간이 남아도는 사람은 별로 없다. 글쓰기는 물론 무엇인가 이룬 사람들은 시간 관리의 달인들이다. 그들도 시간 없기는 마찬가지다. 시간을 아껴 매일 쓰기를 반복한 결과 성공할 수 있었다. 시간이 남아돌아 책을 읽고 글을 쓴 사람들은 별로 없다. 없는 시간을 쪼개서 시간을 만들어 훈련하고 연습했던 결과다. 그러니 시간이 없다는 말은 핑계에 불과하다.

글을 못 쓴다는 말은 할 필요가 없다. 매일 훈련하고 연습하면 글은 좋아지기 때문이다. 어쩌면 글쓰기가 절박하지 않기 때문에 글을 못 쓰는지 모른다. 매일 간절하고 절박하다면 달라지게 마련이다. 간절하고 절박하지 않으면 무언가를 이루기가 어렵다.

매일의 일기 쓰기는 나의 성장과 발전의 밑거름이다.

아침에 일어나서 단지 글을 썼을 뿐인데 성공한 사람은 많다. 그들은 매일 꾸준한 글쓰기를 실천하여 성공한 것이다. 누구나 글을 쓰고 싶어질 때가 있다. 그렇지만 글을 잘 쓰기 위해서는 매일 쓰는 방법 말고는 왕도가 없다.

하루도 거르지 않고, 하루 하나씩 주제를 가지고 매일매일 쓰는 연습을 하자. 그러면 글쓰기는 비약적으로 발전하게 된다.

글쓰기를 하지 않는 이유가 뭘까.

더군다나 매일 글을 쓰라고 하면 손사래를 친다. 결국 글은 필요로 하는 사람만이 쓴다. 자기 계발이 필요한 사람이라면 글쓰기는 필수다. 글쓰기를 하지 않으면 어떤 일에도 성공하기 어렵다. 매일 책을 읽어야 하는 것과 같다. 매일 책을 읽지 않고 성공을 말해서는 안 된다. 성공한 리더들은 항상 책을 가까이했다.

작가의 길, 중요한 것부터 먼저

일기는 하루를 계획하고 지난 일을 반성하는 것이다. 일기 쓰기는 어제보다 나은 오늘, 오늘보다 나은 내일을 위한 자신과의 약속을 확인하는 행위이다. 그러고 나서 오늘 해야 할 우선순위를 순서대로 실천한다. 서너 개의 우선순위가 서로 바뀔 때도 있지만, 1순위는 바뀌지 않는다. 바뀌어서는 안 되기 때문이다.

무슨 일이든 매일 꾸준하게 실천하는 것이 중요하다. 가장 중요한 기준은 매일, 그 담은 꾸준하게 하는 것이다. 나의 1순위는 한 권을 목표로, 한 페이지 꼭지 글을 쓰는 일이다. 그다음은 한 권의 책을 읽는 일이다. 그다음은 한 시간 이상 헬스장에서 운동하는 것이다. 시간을 내서 『태백산맥』을 필사하는 일이 마지막이다.

전업 작가가 1순위를 실천해야 하는 것은 당연하다. 그리고 책을 읽고, 운동을 하는 일도 그렇다. 그런데 책을 읽는 일과 운동을 하는 일은 해도 되고 안 해도 크게 영향을 미치지 않는다. 그렇지만 책을 쓰는 일은 하지 않으면 금방 알게 된다. 표시가 나기 때문이다. 그래서 반드시 해야 하는 1순위의 일이기에 반드시 한다.

작가에 대해서 고(故) 구본형 작가는 이렇게 말했다.

"작가는 좋은 직업이다. 책을 읽는 것이 공부하는 것이고, 생각하는 것이 창조하는 것이고, 글을 쓰는 것이 실천하는 것이다. 언제 어디서나 종이 한 장 연필 한 자루면 끼적거릴 수 있고 죽을 때까지 할 수 있다. 평생 직업이고, 저 좋아하는 일이다."

　이렇게 멋진 직업인데 작가가 글을 쓰지 않는다면 직업을 포기한 것이나 마찬가지다. 매일 1순위를 지키기 위해 노력한다. 글이 쓰고 싶어 잠이 오지 않는 날도 있다. 내일 이런 주제의 글을 쓰자고 생각하는 날도 있다. 그럴 때는 메모를 해두고 아침에 일어나서 글을 쓰는데 그렇게 써진 글들이 많다.

　건강을 위해 '삼시세끼' 밥을 먹어야 하듯 1순위의 글쓰기도 반드시 해야 한다. 글쓰기를 하지 않으면 작가가 아니다. 말로만, 무늬만 책을 쓰는 작가다. 매일 꾸준히 글을 쓰는 스타일을 좋아한다. 매일 조금씩 꾸준하게 쓰는 것을 좋아한다. 하루에 반드시 해야 할 일은 서너 개가 적당하다. 많으면 헷갈려서 집중하지 못한다. 서너 개로 하되 1순위의 목표는 반드시 해야 할 일이다. 건강을 위해 음식을 섭취하는 것만큼 중요한 일이다. 오늘도 지킬 것이다.

일기, 나부터 바꾼다

나는 일기를 쓰기 이전과 일기를 쓴 이후의 삶이 완전히 달라졌다. 처음에는 그냥 하루의 일을 정리하는 기록이었다. 하지만 어느 순간부터 일기장이 나 자신을 들여다보는 거울이 되었다. 아침에 일어나 일기를 쓰는 시간은 하루를 시작하는 나만의 의식이 되었고, 저녁에 하루를 돌아보며 쓴 기록은 성찰의 도구가 되었다.

경찰이라는 직업은 늘 사건과 사람들 사이에 서 있어야 하는 일이었다. 격렬한 감정, 예기치 못한 상황 속에서 나는 매일 흔들렸다. 그런 내 마음을 다잡아준 기둥은 바로 일기였다. 격하게 화가 났던 순간, 억울했던 일, 눈물 나도록 감동적이었던 만남, 그 모든 일들이 일기 속에 살아 있었다. 글로 풀어내고 나면 마음이 한결 가벼워졌고, 나 자신과 더 깊은 대화를 나눌 수 있었다.

하루 중 단 10분이라도 일기 쓰는 시간을 확보하려 노력했던 까닭도 그 때문이다. 바쁜 일정 속에서도, 피곤한 몸을 이끌고라도 글을 쓰고 나면 마음이 정리됐다.

처음에는 그저 감정을 덜어내는 용도로 썼지만, 점점 더 글의 힘을 느끼게 되었다. 글이 생각을 정리해 주고, 감정을 추슬러주고, 삶의 방향까지 제시해 주었다.

근무일지를 일기처럼

경찰관들이 근무할 때 근무일지를 쓰는 것은 기본 중의 기본이다. 그 일지를 일기처럼 조금만 더 감성적으로 풀어 써보니, 글쓰기가 더 풍성해졌다.

어느 날은 아이를 찾는 어머니의 애끓는 절규를, 또 어느 날은 할머니의 지갑을 찾아주며 받았던 따뜻한 미소를 기록했다. 그렇게 기록한 하루하루는 그냥 지나가는 시간이 아니라, 삶의 파노라마로 남아 재연되고 펼쳐졌다.

나중에 그 일기들을 다시 펼쳐 보았을 때, 나는 잊고 있었던 감정을 되찾을 수 있었다.

그때의 고민, 감정, 깨달음들이 나를 다시 일으켜 세웠다. 일기란 그렇게, 내가 나에게 보내는 가장 진실한 편지였다. 일기를 통해 나는 내 삶의 궤적을 돌아보았고, 점차 더 나은 내가 되고 싶어졌다. 그것이 바로 일기가 가진 힘이었다.

이제 나는 누구에게나 '하루가 얼마나 특별한지' 기록해 보라고 권한다. 단 몇 줄이라도 좋다. 중요한 건 글의 양이 아니라 진심이다. 매일 써나가는 그 진심이 쌓이면, 어느 순간 놀라운 변화를 경험할 수 있다. 누구나, 나처럼 말이다.

    일기는 나를 바꾸었다. 생각을 바꾸었고, 행동을 바꾸었고, 결국 삶의 방향을 바꾸었다. 누구든지 일기를 통해 지금보다 더 나은 자신을 만날 수 있다.

    일기는 나부터 바꾸는 마력을 지녔다고 장담한다. 그것이 내가 매일 아침 일기장을 펼치는 이유다.

감사 일기로 하루를 연다

일기 쓰기의 시작은 감사(感謝)로 출발했다.

하루를 여는 순간, 눈을 뜨자마자 떠오르는 감사한 마음을 한 줄씩 써 내려가는 일이었다. 그것이 내가 하루를 다르게 시작할 수 있게 해준 첫 습관이었다.

감사 일기는 단순히 좋은 말을 끄적이는 것이 아니다. 내 삶에서 진짜 소중한 것을 바라보게 만드는 렌즈 같은 역할을 한다.

어떤 목표나 결심이 매번 실패하는 이유는 자신에 대한 지나친 과대평가나 과욕 때문이다. 하지만 아주 작은 행동이라도 꾸준하게 계속하면 습관이 되고, 마침내 큰 성과를 낼 수 있다.

내가 아주 사소하고 미미해 보이지만, 한 줄씩 감사 일기를 쓰기 시작한 것도 경찰 근무로 고단한 하루를 보내면서였다. 반복되는 사건과 사람 사이에서 감정이 무뎌져 가는 나를 발견했을 때, 나는 소박한 감정을 다시 붙잡고 싶었다. 그때 선택한 것이 바로 '감사'였다.

아침에 일어나 '따뜻한 물을 마실 수 있어 감사하다.', '무사히 잠들고 다시 눈을 떠서 감사하다.' 그렇게 시작한 감사의 문장은 하루의 기류를 바꾸었다.

이 습관은 내 정서에 큰 영향을 주었다.

처음엔 억지로 짜 맞춘 듯한 문장들이었지만, 시간이 흐르면서 나는 차츰 진짜 감사한 것들을 찾아내는 눈을 가지게 되었다.

어느 날은 파란 하늘이 감사했고, 또 어느 날은 출근길에 들은 음악 한 곡에 마음이 따뜻해졌다. 그렇게 사소한 데서부터 일상의 결이 달라지기 시작했다.

감사 일기는 대인 관계 긍정 효과

감사 일기는 대인 관계에도 긍정적인 영향을 주었다.

사람들과의 갈등 상황에서도, 감사한 점을 찾아보려 애썼고, 덕분에 상대방을 이해하는 마음의 여유가 생겼다.

하루 중 좋았던 일들을 기록하며, 나쁜 기억보다는 긍정적인 감정으로 하루를 마무리할 수 있었다.

감사하는 마음을 갖는 것은 자신에게 행복한 마음을 안겨주는 소중한 마음가짐이다. 하루를 감사로 시작하고 감사로 마무리하는 삶. 이것이 일기를 쓰기 시작한 후 내 삶에서의 가장 큰 변화였다.

작은 데서 감사를 느끼는 능력은, 결국 더 큰 행복으로 이어졌다. 경찰이라는 직업을 통해 고통과 슬픔을 자주 마주해야 했지만, 그가운데서도 감사할 수 있는 마음을 키워갈 수 있었다. 그것은 일기라는 공간이 있었기에 가능한 일이었다.

오늘도 나는 일기장 맨 첫 줄에 감사의 문장을 쓴다.

그리고 하루가 끝나는 밤에도, 그날 있었던 감사한 일들을 한 줄씩 적는다. 그것이 하루를 풍성하게 만들고, 내 마음을 단단하게 해주는 가장 강력한 습관이 되었다.

폭풍우와 같은 큰 변화도 나비의 작은 날개 짓에서 비롯된다고 했던가. '나비효과'처럼 오늘 나의 작은 감사 일기가 먼 미래에는 큰 변화와 성장을 반드시 가져올 것이다. 아무리 작고 보잘것없는 행동도 꾸준히 계속하면 그 결과는 엄청나다.

오늘 감사 일기를 써보면 어떨까. 무슨 일에 감사했는지, 무엇이 나를 미소 짓게 했는지 적어 보면 얼마나 풍요로운 삶을 살고 있는지 가늠하는 지표가 되어줄 것이다.

글쓰기도 습관이다

글쓰기란 결국 습관의 싸움이라는 말을 자주 들었다.
처음에는 그 말이 실감 나지 않았다. 그저 끌릴 때만 쓰고, 특별한 사건이 있을 때만 펜을 들었다. 하지만 그렇게 쓰다 보면, 글은 삶의 주변부에만 머물고 말았다. 중심으로 들어오게 하려면 매일 조금씩이라도 써야 한다.
꼭 멋진 문장이 아니어도, 딱히 특별한 사건이 없어도 상관없다. 일상의 작은 장면을 붙잡아 한 줄 두 줄 써나가는 것. 그게 바로 습관이자 훈련이다.
나는 매일 일정한 시간에 책상 앞에 앉는다.
처음엔 억지로라도 시간을 정해두고 앉았다. 앉아야 쓸 수 있으니까. 그리고 매일 한 문장이라도 써보자고 다짐했다. 그렇게 매일 쓴다고 마음을 먹으니, 저음엔 막막하게 느껴시넌 글쓰기가 조금씩 익숙해지기 시작했다. 문장이 길어지고, 생각이 정리되고, 무엇보다 나만의 언어가 생겨났다. 글쓰기를 향한 내 마음도 점점 선명해졌다.

쓰는 힘은 일기장 두께에 비례한다

습관이 되면 시선도 바뀐다.
지나치던 장면이 눈에 들어오고, 놓치던 감정이 마음에 남는다. 글쓰기를 하면서 나는 주변을 더 섬세하게 바라보게 되었다. 누군가의 표정, 거리의 풍경, 책 한 구절에 담긴 울림까지. 그 모든 대상이 내게 글감이 되었고, 그렇게 채집된 감정과 기억을 재료로 일기는 점점 풍성하게 기록이 되었다. 일기장이 두꺼워질수록 나는 점점 '쓰는 사람'이 되어갔다.
가장 좋은 글감은 결국 내 삶 속에 있었다. 내 경험, 나의 실수, 나의 성장. 날마다 마주하던 사건들이 단지 업무가 아닌 하나의 이야기로 보이기 시작했다. 그날의 날씨, 현장의 공기, 사람들의 표정, 나의 감정까지도 세세히 기록하며, 나는 글로써 자신의 궤적을 복기(復碁)하는 습관을 들였다. 그렇게 쓰인 글들은 단순한 기록을 넘어, 나를 다잡는 도구가 되었다.
글을 쓴다는 것은 단순히 언어를 나열하는 것이 아니다. 그 속에는 나의 시간과 마음이 담기다.
글은 곧 삶의 반영이다. 그래서 나는 글쓰기를 통해 내가 무엇을 소중히 여기는 사람인지도 알게 되었다. 자기 자신에 대해 미처 몰랐던 사실을 깨닫게 되는 일, 그것은 어쩌면 내가 평생 붙잡고 있어야 할 삶의 태도일지도 모른다.

하루하루 쌓이는 글의 양보다 중요한 것은, 그 안에 담긴 진심이다. 억지로 쓰더라도, 그 글이 쌓이면 언젠가는 내 글이 된다. 매일 조금씩 쓰다 보면, 분명히 발전이 있다. 문장이 정리되고, 생각이 단순해지고, 마음이 차분해진다. 마치 매일 운동을 하면 몸이 달라지듯이, 글도 그렇게 나를 바꿔놓는다.

이런 변화는 어느 날 갑자기 찾아오지 않는다. 100일, 1년, 그 이상을 매일 같이 반복했을 때, 비로소 느껴지는 변화다. 그 긴 시간 동안 나는 내 글이 조금씩 깊어지고 있음을 느낀다. 처음엔 나를 위한 기록이었지만, 점차 누군가에게 닿는 글이 되어갔다. 블로그에 올린 글에 누군가 공감했다는 댓글이 달리면, 작은 기쁨이 마음을 채운다. 그렇게 다시 쓰고 싶어지는 것이다.

글쓰기 습관은 나를 더 좋은 방향으로 이끌었다.

불안했던 날도, 무기력한 날도, 글을 쓰면 다시 중심을 찾게 되었다. 나의 감정, 나의 일상, 나의 변화. 그 모두를 있는 그대로 받아들이고 표현할 수 있는 공간이 있다는 것은 큰 위로였다. 그렇게 글쓰기는 내 삶의 중심이 되었다.

지금도 나는 매일 글을 쓴다.

특별한 이유가 있어서가 아니다. 쓰지 않으면 어딘가 허전하기 때문이다. 이제 습관이 되었고, 그 습관이 나를 만들고 있다. 글쓰기는 내 삶을 더 깊이 들여다보도록 만들었고, 동시에 더 넓게 바라보도록 했다. 매일 조금씩 쓰는 글, 그 작고 소박한 반복이 결국 나를 바꾸는 가장 큰 힘이 되었다.

글은 결국 나 자신을 마주하는 거울이다.

쓴다는 행위는 내 안을 꺼내 보이는 과정이고, 그것이 반복되면 진짜 나와 대화하는 순간이 온다. 그렇게 나는 오늘도, 내일도, 글 앞에 나 자신과 마주 앉는다. 한 문장 한 문장이 쌓여, 내 삶의 지도가 그려지길 바라면서.

기록은 기억이다

　우리는 얼마나 많은 일을 기억하고 있을까?
　어제 먹은 점심은 기억나도, 지난주에 어떤 대화를 나눴는지는 쉽게 떠오르지 않는다. 기억은 생각보다 자주 사라지고, 흐릿해진다. 그래서 나는 기록을 남긴다. 기억하려고 애쓰는 대신 일기를 쓴다.
　경찰관으로 근무하면서 매일 같이 수많은 사건과 사람을 만났다. 그때 느낀 감정과 고민, 판단의 순간들을 일기로 남기기 시작했다. 처음엔 단순한 사건 기록이었지만, 나중에는 나의 마음을 돌아보는 소중한 시간이 되었다. 시간이 지나 그 일기를 다시 읽어보면, 당시의 감정이 생생하게 되살아난다. 글을 통해 과거의 내가 현재로 되돌아오는 것이다.
　기록은 삶을 붙잡아주는 닻과도 같다.
　바쁘고 정신없는 하루 속에서, 내가 무엇을 느끼고 어떤 선택을 했는지 놓치지 않게 해준다. 일기는 단지 일어난 일을 적는 것이 아니다. 나의 시선과 감정, 의미를 부여하는 작업이다. 그렇게 써놓은 기록은 단순한 메모가 아닌 '나의 역사'가 된다.

기억은 시간이 지나면 흐려지지만, 기록은 그 순간을 붙잡는다. 특히 감정이 담긴 글은 더욱 강력하다. 기쁨도, 슬픔도, 분노도, 그때 그 감정을 글로 남기면 훗날 읽을 때 생생하게 되살아난다. 그래서 나는 중요한 순간뿐 아니라 소소한 감정도 자주 기록하려 한다. 그 작은 감정들이 쌓여, 결국 나의 삶을 이루는 근육이 되기 때문이다.

일기를 쓰다 보면, 내가 얼마나 자주 비슷한 실수를 반복하는지 알게 된다. 같은 패턴, 같은 감정, 같은 후회... 일기야말로 나를 가장 객관적으로 들여다보게 해주는 거울이다.

나 자신이 어떤 존재인지, 내가 어떤 삶을 살고 있는지, 어떤 감정을 품고 있는지 가장 솔직하게 보여준다.

기록은 성장의 이정표 역할을 가능하게 한다. 내가 어떤 고민을 했고, 어떤 선택을 했으며, 그 결과가 어땠는지 돌아볼 수 있기 때문이다. 그 안에는 나의 실수도, 깨달음도, 개선을 위한 노력과 변화의 흔적이 모두 담겨 있다. 그리고 그 흔적을 통해, 나는 조금 더 나은 내가 될 수 있다.

기록은 미래의 나에게도 선물

기록은 현재의 나에게는 물론, 미래의 나에게도 선물이다.

오늘의 생각과 감정을 기록하면, 미래의 나는 그것을 통해 현재를 이해할 수 있다. 언젠가 내 아이들이나 후배들이 내 기록을 본다면, 그것이 그들에게도 도움이 될 수 있을 것이다. 그래서 나는 오늘도, 평범한 하루를 소중히 기록한다.

  굳이 기억하려고 애쓰지 않아도 좋다. 대신 일기를 쓰면 된다. 오늘 하루를 글로 남기면, 그것이 바로 나의 삶이 된다.

  사라지지 않는 삶, 흐릿해지지 않는 나의 이야기. 그 모든 사사건건이 기록 속에 살아 숨 쉰다.

  기억은 잊히고, 감정은 바래지만, 글로 남겨진 순간은 그 무엇보다도 강하다. 그래서 나는 오늘도 나의 하루를 글로 붙잡는다. 그것이 곧 나의 인생을 온전히 살아가는 방식이기 때문이다. 오늘의 일기는 내일의 내가 살아갈 길이 된다.

변화가 필요하다면 일기를 써라

누구나 한 번쯤은 변화를 꿈꾼다.

현실에 만족하지 못하거나, 더 나은 삶을 향한 갈망에서 비롯된 욕망은 인간이라면 지극히 자연스러운 법이다.

그러나 변화는 결코 쉽게 찾아오지 않는다. 새로운 일을 시작하기도, 생각을 바꾸기도, 습관을 바꾸기도 모두 어렵다. 나는 그 벽 앞에 서 있을 때마다 일기장을 펼쳤다.

매일 같이 크고 작은 사건과 마주하며 피로에 지쳐갔던 때가 있었다. 업무에 쫓기면서, 감정은 점점 무뎌졌다. 언제부터인가, 나는 식물인간처럼 내가 어떤 사람인지조차 잊고 살아가는 처지가 되었다.

우연히 일기를 쓰기 시작했을 무렵이었다. 처음엔 그저 그날 있었던 일들을 짧게 기록하는 것에 불과했다. 하지만 어느 날, 내가 쓴 문장 속에서 '진짜 내 마음'을 발견했다. 무엇이 나를 지치게 했고, 무엇이 나를 답답하게 했는지 알게 되었다.

  이후로 나는 매일 정성껏 일기를 썼다. 하루를 돌아보면서 나의 감정을 정리하고, 생각을 정돈하며, 무엇보다도 나 자신에게 솔직해지려고 했다. 일기를 쓰면서 내 안의 목소리를 들을 수 있게 되었고, 그 목소리는 내가 어떤 방향으로 가야 할지를 조용히 알려주었다. 나 자신조차 외면했던 나의 진심과 마주하는 시간이 처음엔 낯설었지만, 점차 따뜻한 위로가 되었다.

변화의 실마리

  변화는 결심보다 반복되는 습관에서 나온다.

  나는 특히 글쓰기를 통해 이것을 체감했다. '변화하고 싶다.'라는 말만으로는 아무것도 바뀌지 않았다. 하지만 매일 일기를 쓰면서 현재를 직면하고, 내일을 상상하다 보니, 서서히 나도 모르게 삶의 방향이 바뀌어 갔다. 감정 조절이 부드러워지고, 작은 일에도 감사를 느끼며, 사람들과의 관계도 한결 성숙해졌다. 그 모든 변화는 매일 손끝으로 쌓아 올린 작은 기록들 덕분이었다.

  일기는 마치 삶의 설계도 같다. 내가 어떤 문제에 자주 부딪히는지, 어떤 상황에서 쉽게 흔들리는지 기록하다 보면, 그 안에 반복되는 패턴이 보인다. 그리고 그 패턴을 의식하는 순간, 나는 더 이상 같은 실수를 반복하지 않게 된다.

  자신이 원하는 삶을 살아가는 데 필요한 지혜는 그렇게 매일 한 장씩 쌓였다. 일기는 나를 성장시키는 거울이었고, 동시에 변화를 이끄는 나침반이었다.

가끔 일기를 쓰면서 마주했던 문장들이 나를 울리기도 했다.

'오늘도 참아내느라 수고했다.'

'조금은 흔들려도 괜찮아.'

그렇게 나는 매일 나 자신을 격려했고, 그러는 사이 나는 변해 있었다. 일기는 단순한 기록이 아니라, 나를 다독이는 친구였고, 삶을 다시 다잡게 하는 버팀목이었다.

나는 많은 사람에게 일기 쓰기를 권해왔다.

단순한 습관 같지만, 변화의 동력임을 알기 때문이다. 꾸준히 쓰다 보면 어느 순간, 자신이 원하는 방향으로 조금씩 움직이고 있다는 사실을 깨닫게 된다. 그것은 거창한 변화가 아니다. 삶의 리듬이 바뀌는 것이다. 무기력하던 사람이 활력을 찾고, 방향을 잃었던 이가 길을 찾아간다. 그것이 바로 일기의 힘이다.

그대, 변화를 꿈꾸는가?

그렇다면 일기를 써보라.

아침에 하루를 계획하고, 저녁에 하루를 되돌아보는 것만으로도 그대의 인생은 놀라울 만큼 달라질 수 있다.

단 한 줄이라도 괜찮다.

오늘의 마음을 기록하는 것, 그 작은 실천이 풍요로운 미래를 만든다.

하루 한 장, 날마다 쓰는 인생 자서전

일기가 인생을 바꾼다고 하면 믿을 수 있을까?

나 역시 처음에는 반신반의했다. 하지만 매일 한 장씩 일기를 쓰는 습관을 들이고 나서, 나는 내 삶이 점점 안정되고 있다는 사실을 깨달았다. 하루 한 장, 단지 몇 분의 시간이었지만, 그 짧은 시간 속에 나의 감정과 생각, 행동의 방향이 담겨 있었다.

현장 근무 경찰관은 하루가 어떻게 지나갔는지도 모를 만큼 바쁜 날이 많다. 사건은 끊이지 않고, 감정은 소진되며, 밤낮이 뒤바뀐 채로 버텨야 하는 날들이 이어졌다. 그런 날의 끝에 일기를 쓰는 것이 때론 버겁기도 했다. 그러나 오히려 그런 날일수록 일기는 나를 지탱해 주는 버팀목이 되어주었다.

'오늘 나는 그 사건을 처리하면서 왜 이렇게 참지 못했을까?'

'나는 왜 그런 말을 듣고 그렇게 반응했을까?'

스스로 묻고 대답하는 그 시간을 통해, 나는 나 자신을 더 잘 이해하게 되었고, 나아가 더 나은 방향으로 나를 이끌 수 있었다. 하루 한 장의 기록이 다음 날을 준비하는 연습장이 되었던 셈이다.

일기에는 정답이 없다. 그래서 자유롭다. 그날 느낀 감정을 솔직하게 적을 수도 있고, 하고 싶은 말을 아무 제약 없이 풀어놓을 수도 있다. 그 자유로운 글쓰기 속에서 나는 숨을 쉬었고, 위로를 받았다. 때로는 미래의 나에게 편지를 쓰기도 했고, 때로는 오늘을 반성하며 다짐을 남기기도 했다.

하루 한 장, 그렇게 매일 쓰는 일기는 나의 내면을 정리하는 과정이자, 삶의 흐름을 기록하는 연대기가 되었다. 시간이 흐르고 나서 다시 읽어보면, 내가 얼마나 변화했는지 확인할 수 있다. 그리고 그 기록은 내가 살아온 삶의 증거가 된다. 누구에게 보이기 위한 글이 아니라, 나 자신을 위한 글이기에 더욱 진실의 척도가 된다.

하루 한 장의 일기는 나에게 용기를 주었다.

실패해도 괜찮다고, 내일은 다시 시작할 수 있다고... 그렇게 일기를 쓰는 동안, 나는 조금씩 달라졌다. 나의 하루는 더 충실해졌고, 나의 삶은 더 깊어졌다. 거창한 계획도, 대단한 결심도 필요 없다. 그저 오늘 하루를 성실히 기록하는 것, 그것만으로도 인생은 충분히 다시 회복해 나갈 수 있다.

지금 그대가 어디에 있든, 어떤 삶을 살고 있든, 하루 한 장의 일기를 써보라. 그대의 하루는 글로 남는 순간부터 특별해진다. 그리고 그 일기장이 두꺼워질수록, 그대의 인생도 더욱 풍성해질 것이다.

하루를 성실히 마무리하며 쓰는 단 몇 줄의 글. 그 글 속에는 오늘을 살아낸 그대의 용기와 성찰이 담긴다.

 일기는 날마다 쓰는 내 인생의 자서전인 셈이다. 그 작고 평범한 글 한 줄이, 내일의 삶을 변화시킬 수 있다.

 그러니 주저하지 말고 오늘도 펜을 들어보자. 일기장은 그대를 위한 가장 조용하고도 깊은 응원의 공간이 되어줄 것이다.

작가로 살기로 했다면

'작가'라는 단어는 낯설기만 했다.

늘 나와는 거리가 먼, 남의 이야기처럼 느껴졌다. 나는 차츰 사건 현장에서 사람들의 삶을 들여다보고, 고단한 하루를 정리하며 버텨내는 일에 점점 익숙해졌다. 그런 내게 '글을 쓴다'라는 행위는 마치 딴 세상 이야기 같았다.

그런데 어느 날, 문득 이런 생각이 들었다.

'내가 살아온 이야기를 누군가는 궁금해할지도 모르겠다.'

그리고 그날부터 나는 매일 글을 쓰기 시작했다.

처음에는 단순히 일기였다. 오늘 있었던 일, 누군가에게 받은 상처, 나를 웃게 만든 풍경 하나... 그것들을 적으면서 나는 조금씩 나 자신을 정리해 나갔다. 그리고 깨달았다. 글쓰기는 나를 치유하는 행위라는 사실을. 매일 쓴 글은 시간이 지나고 쌓이면 누군가에게 전달될 수 있는 이야기로 바뀌었다. 그 이야기가 누군가의 마음을 움직인다면, 그건 분명 '작가'의 역할이 아니겠는가.

글을 쓰면서 가장 큰 변화를 느낀 건 '세상을 바라보는 시선'이었다. 이전에는 지나치던 장면들이, 이제는 모두 글감이 되었다. 아이가 엄마 손을 잡고 건너는 횡단보도, 버스 안에서 조용히 흘러나오는 라디오 멘트 하나, 우연히 마주친 노인의 눈빛. 그런 모든 일상이 글로 바뀌기 시작했다.

나는 매일 책을 읽고, 그 안에서 단어 하나, 문장 하나라도 눈에 띄면 골라서 메모했다. 그리고 그 언어들을 곱씹으며 나의 문장으로 바꾸는 연습을 했다. 베껴 쓰기를 하고, 따라 써보며 작가의 감정을 흉내 내기도 했다. 그렇게 하다 보니 어느 순간, 나의 문장에도 온기가 묻어나기 시작했다.

작가로 산다는 것은 유명해지는 일도, 책을 많이 파는 일도 아니다. 오히려 매일 글을 쓰는 사람, 자기 안의 이야기를 진심으로 써내려 가는 사람. 그런 사람이 바로 작가라고 나는 믿는다. 그래서 나는 지금, 작가로 살아가고 있다. 하루의 감정을 기록하고, 지난날의 아픔을 되새기고, 내일의 희망을 그리는 글을 쓰면서 말이다.

한 문장을 완성하기 위해 책상 앞에 오래 머물고, 몇 번씩 고쳐 쓰기도 한다. 때로는 마음에 들지 않아 통째로 버리기도 하고, 어떤 날은 한 줄도 쓰지 못해 자책하기도 한다. 그러나 그런 과정 자체가 바로 작가의 길이라고 생각한다. 나는 그 길 위에 오롯이 서 있다.

누군가 나에게 물었다.

"작가가 되려면 어떻게 해야 하죠?"

나는 대답했다.

"그냥 매일 써보세요.. 하루도 빠짐없이."

작가는 특별한 재능이 아니라, 꾸준한 습관과 진심에서 시작된다고 믿기 때문이다. 나도 그렇게 '작가'의 삶을 시작했다. 인정받는 작가가 아니라 자임하는 작가일망정 작가는 마찬가지일 테니까.

이제는 내 삶의 기록이 책이 되었고, 블로그를 통해 많은 사람과 생각을 나누기도 한다. 누군가는 내 글을 읽고 울었고, 누군가는 웃었다고 했다. 그 반응 하나하나가 나를 다시 책상 앞에 앉게 만든다. 그 힘으로 나는 오늘도 글을 쓴다.

그대, 작가가 되고 싶은가?

그렇다면, 지금 이 순간부터 그대의 이야기를 써보라.

그대가 걸어온 길, 그대가 느낀 감정, 그대가 품고 있는 소망. 그것이 글이 될 때, 그대는 이미 작가로 살고 있는 셈이다.

목적이 있는 일기

일기에는 여러 가지 형태가 있다.

감정을 쏟아내는 일기, 하루를 기록하는 일기, 목표를 정리하는 일기, 그리고 스스로를 돌아보는 일기… 나는 그중에서도 '목적이 있는 일기'를 가장 소중하게 여긴다.

단지 하루를 되새기는 것을 넘어, 내가 어떤 방향으로 나아가고 싶은지 목적을 명확하게 제시해 주기 때문이다.

나는 매일 밤 일기를 쓰며 하루의 일상을 정리한다. 하지만 그것만으로는 부족했다. 어느 순간부터 나는 일기의 맨 마지막에 한 줄을 더 추가하기 시작했다.

'내일은 어떤 하루가 되면 좋을까?'

그때부터 그 한 줄이 내 일기의 목적이 되었다.

이 작은 실전은 내 삶에 큰 변화를 가져왔다.

다음 날이 기다려졌고, 목표가 생기니 행동이 바뀌었다. 단순히 사건을 적는 글이 아니라, 내 삶을 설계하는 글로 변화된 것이다. 나는 일기를 통해 미래를 계획하고, 나의 방향을 점검하고, 때로는 나 자신을 다독였다.

목적이 있는 일기는 구체적이다.

예를 들면 이런 식으로 정리한다.

'내일은 꼭 6시에 일어나 걷기 운동을 하겠다.'

'이번 주에는 글을 세 편 완성하겠다.'

'오늘 감정적으로 대응한 일에 대해 다시 한번 생각해 보고 반성하자.'

이렇게 글로 남기면 마음속 다짐이 행동으로 이어질 확률은 훨씬 높아진다. 나는 아침에 하루 계획을 적고, 저녁에 그 실천 결과를 점검하는 일기를 꾸준히 써왔다. 그렇게 하다 보니 어느새 '실행력'이 붙었고, 반복적인 습관이 이루어졌다. 일기는 단순한 기록을 넘어, 실천의 도구가 된 것이다.

목적이 있는 일기는 시간 관리에도 효과적이다.

무엇을 우선순위에 두고, 어떤 일에 집중할지 명확히 하게 되니 하루가 훨씬 효율적으로 흘러간다. 불필요한 일에 감정 소모를 하지 않게 되었고, 해야 할 일에만 에너지를 집중할 수 있었다.

나는 이 과정을 통해 얻은 성장과 변화를 많은 사람과 나누고 싶었다. 그래서 강연을 통해, 블로그를 통해, 또 직접 만나는 사람들에게 일기의 힘을 이야기했다. '일기 쓰기'가 단순한 습관을 넘어 '삶의 나침반'이 될 수 있다는 것을 알려주고 싶었다.

매일 쓰는 일기를 통해 목표를 세우고 실천해 보라. 처음엔 단순한 문장이어도 괜찮다. 중요한 것은 '의도'다. 그 의도가 삶을 조금씩 바꾸어 나간다. 그렇게 하면 일기도 더는 혼잣말이 아닌, 삶을 움직이는 동력이 될 것이다.

목적이 있는 일기는 가고자 하는 방향을 잊지 않고 갈 수 있게 해준다. 그 목적이 있기에 매일의 글쓰기는 의미 있고, 그 의미가 모여 인생을 만든다. 일기는 쓰는 사람의 길을 밝혀줄 가장 가까운 등불이다.

날마다 원고지 10장 채우기
손 글씨와 타자, 무엇이 좋을까
사건 사고는 글감의 보고
일기 쓰기는 자기 계발이다
자유롭게 쓸수록 좋은 글
강점을 키우는 글쓰기 연습
매일 쓰는 습관이 글을 만든다
의미 있는 일기 쓰기, 제목을 붙여보자

제2장

일기를 쓰는 기쁨

날마다 원고지 10장 채우기

"글쓰기에 특별한 규칙이 있을까?"

예전에는 멋진 문장을 써야 하고, 맞춤법과 문장부호도 완벽히 지켜야 한다고 믿었다. 또 글은 누군가에게 보여줄 수 있을 정도로 완성된 결과여야만 한다고 생각했지만, 지금은 생각이 조금 바뀌었다. 글쓰기란 내 안의 이야기를 꺼내는 일이라고.

어느 날 나는 매일 원고지 10장을 채우겠다는 목표로 글을 쓰기 시작했다. 처음엔 그 분량이 무겁고 막막하게 느껴졌다. 무엇을 써야 할지 몰라 몇 줄 썼다가 지우기를 반복했고, 때로는 책상 앞에 앉는 것조차 부담스러웠다. 그러다 '매일 쓴다'라는 원칙을 지키다 보니, 글쓰기는 어느새 자연스러운 습관이 되었다.

글쓰기 훈련을 위해 억지로 딱딱한 주제를 붙들고 씨름하던 날도 있었다. 하지만 결국 깨달았다. 가장 잘 써지는 건 자신의 이야기라는 사실을. 유년 시절의 추억, 경찰 현장에서 겪은 사건과 사고, 그리고 갈등, 사람들과의 만남, 그 모든 일이 나만의 글감이 되었다. 특히 일기로 기록해 둔 사건 현장의 생생한 감정들은 더욱 진하게 살아났다. 글은 결국 나를 비추는 거울이었고, 하루하루 쌓이는 문장들은 나 자신을 이해하게 해주는 도구였다.

원고지 10장을 채우겠다는 목표는 나를 꾸준히 책상 앞에 앉히는 힘이 되었다. 글을 쓰며 나는 내가 어떤 감정에 흔들렸고, 무엇에 감사했고, 어떤 꿈을 꾸는 사람인지 조금씩 더 알게 되었다. 이 습관은 단지 글쓰기 실력만을 키워준 것이 아니다. 나 자신을 단련하는 수련이었고, 내 삶을 더 깊이 들여다보게 해주는 창이 되었다.

나는 두꺼운 대학노트에 일기를 빼곡히 써 내려갔다. 그 한 권이 원고지로는 어마무시한(?) 분량에 해당한다는 사실을 알고부터, '나도 글을 쓸 수 있다'라는 자신감이 생겼다. 글은 단지 표현의 수단이 아니었다. 그것은 나의 감정과 생각, 하루하루를 살아낸 흔적이었다. 그리고 그 흔적은 세월이 흐를수록 내 삶의 의미를 더해주었다.

일본 작가 사이토 다카시의 『원고지 10장을 쓰는 힘』은 내가 걸어온 이 길을 언어로 정리해 주는 책이었다. 그는 "원고지 열 장을 두려워하지 않는 사람이야말로, 글을 제대로 쓸 줄 아는 사람이다."라고 말했다. 이 말은 내게 깊은 울림을 주었다. 매일 원고지 열 장을 쓰는 일은 생각보다 어렵지만, 꾸준함이 지속되는 가운데 문장은 익어갔고, 감정은 자연스레 흐르게 되었다.

글쓰기에 한참 재미를 붙이고 있을 때였다.

수서경찰서 일원파출소 김내완 소장은 112 신고 사례를 한 딜에

한 건 이상 정리해 글로 남기라고 권했다. 그 글들은 연말에 책으로 엮였고, 나는 후배가 정리한 사건을 감동적으로 다시 써보며 글쓰기의 매력에 눈떴다. 글은 단지 사건의 기록이 아니라, 사람의 마음을 담아내는 도구가 될 수 있음을 배웠다.

이제 나는 "글쓰기는 근육이다."라고 고백할 수 있다. 쓰지 않으면 퇴화하고, 매일 쓰면 단단해진다. 어느 날 문득, 날마다 일기를 쓰는 사람은 자신도 '글 쓰는 사람'이 되어 있음을 발견하게 될 것이다. 그때 알게 된다. 이건 단순한 기록이 아니라, 삶을 바꾸는 조용하고도 강력한 힘이라는 사실을.

매일 원고지 10장을 쓰는 일은 내게 가장 소중한 루틴이다. 그것은 하루를 정리하고, 나를 성장시키며, 내 안의 생각과 감정을 세상과 연결해 주는 다리가 된다. 내가 경험한 것을, 내가 느낀 것을, 나의 언어로 적어낼 수 있다는 것. 그건 내가 살아 있음을, 그리고 그렇게 살아낸 하루가 헛되지 않았음을 나 자신에게 증명하는 일이었다.

그래서 오늘도 나는 원고지 앞에 앉는다.

단 한 줄이라도 쓰고, 마음을 담고, 나를 담아낸다. 그리고 그것은 언젠가, 나뿐 아니라 누군가의 삶에도 따뜻한 울림이 되기를 조용히 바란다.

손 글씨와 타자, 무엇이 좋을까

　일기를 쓸 때 가장 먼저 고민하게 되는 것 중 하나가 '무엇으로 쓸 것인가'이다. '펜으로 써야 할까, 아니면 키보드로 입력하는 것이 더 나을까?' 별것 아닌 일이라고 생각할지 모르나, 예민한 사람에게는 그야말로 별일이다.

　처음 일기를 쓰기 시작했을 때, 나는 대학노트와 검정 색깔 펜을 들고 앉았다. 조심스레 첫 문장을 적던 그 떨림은 아직도 생생하다. 내 손끝에서 흘러나오는 문장이 페이지 위에 자리 잡을 때마다, 나는 마치 내 마음이 정리되는 듯한 느낌을 받았다.

　손 글씨는 언제나 느리다.

　그래서 천천히 생각하게 되고, 감정을 더 깊이 들여다보게 된다. 펜이 종이를 긁는 소리, 단어 하나하나를 써내려 가는 리듬은 마음의 속도를 조절해 준다. 하루를 정리하며 손 글씨로 일기를 쓰는 그 시간은 마치 명상처럼 느껴지기도 한다. 글씨가 조금 삐뚤어지고, 때로는 획이 흔들리더라도 그 안에는 분명한 나의 흔적이 담겨 있다. 내 감정이 손끝을 통해 그대로 전달되기 때문이다.

하지만 타자로 쓰는 일기에는 또 다른 장점이 있다.

무엇보다 빠르다. 생각이 채 사라지기 전에 바로 기록할 수 있다는 점에서 타자는 유용하다. 글을 쓰다가 마음이 바뀌어도 쉽게 수정할 수 있고, 저장이 간편하니 잃어버릴 걱정도 없다. 나는 퇴직 후 블로그에 일기를 올리는 일을 습관처럼 해오고 있는데, 타자 덕분에 더 많은 양을, 더 빠르게 처리할 수 있었다. 때로는 그 속도 덕분에 내 마음속 깊은 감정까지도 쏟아내게 된다.

나는 지금도 손 글씨와 타자를 번갈아 사용한다. 아침에는 주로 손 글씨로 마음을 가라앉히며 하루를 시작하고, 오후나 저녁에는 컴퓨터 앞에 앉아 그날 있었던 일이나 떠오른 생각들을 타자로 정리한다. 그렇게 쓰인 글들은 나의 하루이자, 삶의 축적물이다. 어떤 방식이든 중요한 점은 '계속 쓰는 것'이다.

손 글씨가 주는 진심과 타자가 주는 속도, 그 둘은 서로 다르지만, 모두 일기라는 이름으로 나를 표현하는 방식이 된다.

또 하나 재미있는 사실은, 손 글씨로 쓴 일기를 다시 타자로 옮겨 적는 과정에서 그날의 감정이 또 한 번 정리된다는 것이다. 두 번 쓰게 되니 번거롭다고 생각할 수도 있지만, 나에게는 그만큼 두 번 성찰하는 효과가 있었다. 처음엔 감정에 휩싸여 휘갈겼던 문장을, 다시 읽으며 다듬고 정리하는 과정에서 나는 한 걸음 물러나 자신을 객관화할 수 있었다. 일기를 통해 성장하는 또 하나의 방법이었다.

물론 어떤 방식이 더 옳다고 말할 수는 없다.

사람마다 성향도, 습관도, 상황도 다르기 때문이다. 누군가는 펜을 쥐는 것이 부담스러울 수도 있고, 또 누군가는 키보드 소리보다 잉크 냄새를 더 좋아할 수도 있다. 중요한 건 어떤 방식이든 '나에게 편한 방법'을 찾는 것이다.

나는 손 글씨로 쓴 일기장을 한 권씩 채워갈 때마다 묘한 성취감을 느낀다. 반면, 타자로 쓴 일기 파일을 폴더에 정리해 두고, 날짜별로 찾아보며 다시 읽을 수 있는 그 편리함도 무시할 수 없다. 각각의 방식이 주는 의미와 감정은 다르지만, 결과적으로 나에게 가장 잘 맞는 균형을 찾아가는 것이 글쓰기의 즐거움이기도 하다.

오늘은 손 글씨로 한 페이지를 채우고, 내일은 타자로 속 시원하게 써보는 것도 좋다.

중요한 건, 그날의 감정을 한 문장이라도 기록해 보는 것. 그것이 글쓰기의 시작이자, 삶을 되돌아보는 첫걸음이 된다.

그렇게 하루하루를 기록하다 보면, 언젠가 문득 자신의 이야기를 책 한 권으로 엮을 수 있을지도 모른다.

그 시작은 언제나 단순하다. 손 글씨 한 줄 또는 자판 위의 한 문장, 거기서부터 나만의 이야기가 시작된다.

사건 사고는 글감의 보고

나는 수많은 사건과 마주했다. 때로는 가슴 아픈 사고 현장도 있었고, 때로는 어처구니없는 민원도 있었다. 그러나 시간이 흐를수록 깨닫게 된 것이 있다.

바로 그 모든 사건 사고가 나의 글감이 되었다는 사실이다.

경찰관으로서 매일 같이 현장을 뛰어다니며 보고 듣는 이야기들은 단지 '업무'로 끝나지 않았다. 그것은 나만이 쓸 수 있는 이야기가 되었고, 누군가에게 전할 수 있는 메시지가 되었다.

초기에는 사건 내용을 정리하느라 급급했다. 보고서를 작성하고, 사실을 빠짐없이 정리하는 것이 우선이었다. 하지만 어느 날 문득, 내가 작성한 그 한 줄, 한 줄이 한 사람의 삶을 비추고 있다는 사실을 깨달았다. 사건의 이면에는 언제나 사람이 있었고, 그 사람의 감정과 삶의 무게가 고스란히 담겨 있었다.

그때부터 나는 단순한 보고서가 아니라, 내가 개입된 일기로 사건을 기록하기 시작했다. 단순한 사실이 아니라, 내가 느낀 감정, 현장에서의 분위기, 사람들의 표정까지 글로 남기기 시작했다.

예를 들어, 도난 사건으로 만난 할머니는 지갑을 잃어버렸다는 사실보다도, 지갑 속에 있던 손주 사진을 잃은 사실에 더 크게 마음 아파했다. 누군가에게는 사소한 일일지 모르지만, 그날 나는 그 손주 사진 한 장이 할머니의 하루 전체를 무너뜨릴 수 있다는 걸 느꼈다. 그 장면은 내게 강한 인상을 남겼고, 그날 일기는 자연스럽게 한 편의 에세이가 되었다.

또 한 번은 교통사고로 목숨을 잃은 한 청년의 사건을 담당하게 되었다. 그의 가족들은 사고 직후 병원으로 달려와서 오열했고, 장례식장까지 가는 동안 나는 그들과 많은 대화를 나눴다. 그 과정에서 나는 단순한 교통사고라는 한 줄의 보고서가 얼마나 무거운 현실 속 이야기인지를 다시금 깨달았다.

나는 그 청년의 삶을 글로 정리하면서, 그가 살아온 시간에 경의를 표하고 싶었다. 그 글을 블로그에 올렸을 때, 많은 사람이 위로와 감사를 전해주었다.

사건 사고는 언제나 우리 주변에서 일어난다.

그리고 우리는 그것을 자칫 뉴스의 한 줄로만 소비할 수도 있다. 하지만 직접 그 현장을 마주한 경찰관의 시선은 다르다. 우리는 고통과 슬픔, 분노와 회한이 얽힌 생생한 삶의 단면을 본다. 그리고 그것을 기록하는 일은 곧, 인간을 이해하고 삶을 돌아보는 일이기도 하다.

나는 사건을 마주할 때마다 힝싱 다짐하곤 했다. 이 일이 단지 사건 번호로 끝나지 않기를. 그 안에 담긴 사람의 이야기를 내 일기에 정직하게 담아보자고. 그러다 보면 어느새 내 삶도 조금 더 단단해지고, 세상을 바라보는 시선도 더 깊어지게 된다.

사건 사고는 글감의 원천이다. 경찰이라는 직업 덕분에 나는 수많은 이야기를 가슴에 품을 수 있었고, 그것을 글로 풀어내며 치유를 받기도 했다. 글은 단지 표현이 아니라, 공감이고 연결이다. 나의 기록이 누군가에게 작은 위로가 되고, 또 다른 누군가에게는 자신의 삶을 돌아보게 만드는 계기가 된다면, 그것은 더할 나위 없이 값진 글이 될 것이다.

앞으로도 나는 사건 사고 속에서 썼던 이야기의 씨앗을 찾아낼 것이다. 때로는 그것이 슬픈 이야기일지라도, 그 슬픔을 나누고, 그 의미를 되새기며 쓰는 것이 나의 몫이라 생각한다. 그리고 그 기록이 쌓이면, 언젠가 또 다른 누군가에게 삶의 방향을 제시하는 빛이 될 수 있으리라 믿는다.

일기 쓰기는 자기 계발이다

처음에는 단지 하루를 정리하고 싶은 마음에서 일기를 썼다. 아침에 있었던 일, 낮에 느낀 감정, 밤에 스쳐 간 생각들을 적어 내려가는 것이 고작이었다.

그런데 시간이 지나면서 깨닫게 되었다. 단순한 하루의 기록이 나자신을 돌아보는 도구가 되었고, 그 기록이 쌓이면서 삶이 조금씩 달라지고 있다는 사실을. 일기는 자기 계발의 가장 기초적이고도 강력한 도구였던 셈이다.

우리는 보통 자기 계발이라고 하면 거창한 계획이나 목표 설정, 실천 항목을 떠올린다. 하지만 일기는 그보다 더 본질적인 것, 바로 자신을 들여다보는 데서 출발한다.

나는 일기를 통해 내가 무엇에 감동하고, 무엇에 분노하며, 어떤 상황에서 나약해지는지 정직하게 마주하게 되었다. 그것은 누군가에게 보여주기 위한 글이 아니라, 나만을 위한 솔직한 대화였다.

일기는 업무일지 그 이상

현장에서 땀 흘리던 시절, 나는 일기를 통해 현장에서 느낀 긴장감, 사건 뒤에 숨겨진 사람들의 표정, 나 스스로 감정의 흔들림을 기록했다. 그것은 단순한 업무 일지가 아니었다. 나의 태도, 나의 시선, 나의 변화가 담긴 기록이었다. 그 기록들은 시간이 지나면서 나 자신을 더욱 이해하게 해주었고, 내 삶의 방향을 조금씩 다듬어 주는 나침반이 되어주었다.

특히 스트레스를 많이 받았던 시기, 나는 일기 쓰기를 통해 감정을 배출하고 정리할 수 있었다. 분노, 실망, 슬픔과 같은 부정적인 감정들도 일기장 속에서는 안전하게 풀어놓을 수 있었다. 그 과정에서 나는 나 자신을 비난하지 않고, 오히려 다독이는 법을 배웠다. 매일 조금씩이라도 나를 향한 성찰이 이어지니, 자연스럽게 하루를 더 잘 살아야겠다는 책임감도 생겼다.

공무 수행 중 마주한 수많은 장면 속에서 나는 매일 일기를 썼다. 글을 쓰는 일이 곧 생각을 정리하는 훈련이 되었고, 그런 훈련은 내가 어떤 가치관으로 살아가고 있는지 돌아보게 해주었다. 일기장은 마음의 체온을 지켜주는 창이었다.

자기 계발의 핵심은 '지속성'에 있다.
일기는 바로 그 지속성을 가능하게 한다. 매일 꾸준히 적는 것만으로도 습관이 되고, 그 습관은 곧 태도가 되며, 태도는 삶을 바꾼다. 나는 하루 10분이라도 책상 앞에 앉아 나의 하루를 돌아보며 일기를 썼던 그 시간이, 지금의 나를 만든 것이라 확신한다. 글을 쓰기 위해서는 먼저 생각을 정리해야 한다.

일기 쓰기를 습관으로 만드는 일은 곧 생각을 정리하는 능력을 기르는 것과 같다.

일기는 또한 나의 강점과 약점을 드러내는 거울이 된다. 반복해서 나오는 실수, 계속해서 고민하게 되는 문제들을 적다 보면, 내가 바꾸어야 할 부분이 자연스럽게 보인다. 그것을 깨닫는 순간, 변화의 실마리를 찾을 수 있다.

단점뿐만 아니라 장점도 마찬가지다. 나는 일기 속에서 내가 자주 기뻐하는 순간, 집중력이 높아지는 상황들을 발견할 수 있었다. 그것을 활용하면 자신이 더욱 성장할 수 있는 방향을 찾을 수 있다.

지구대 책상 앞에서 하루를 정리하던 날들, 나는 일기 쓰기에서 한 걸음 더 나아가 블로그 글쓰기를 시작했다.

처음엔 어색했지만, 일기 덕분에 글을 쓰는 데 대한 부담이 줄어 있었다. 그저 매일 조금씩이라도 꾸준히 쓰는 것, 그것이 나를 더욱 성장하게 만들어 주었다.

글을 쓰기 위해 책도 더 많이 읽게 되었고, 사람들과의 대화도 더 깊어졌다. 삶이 훨씬 풍성해지고 있다는 걸 느꼈다.

누군가 내게 "자기 계발을 어떻게 시작해야 합니까?" 하고 묻는다면, 나는 주저 없이 이렇게 말할 것이다.

"일기를 쓰세요. 하루를 돌아보고, 느낀 점을 적어보세요. 특별하지 않아도 괜찮습니다. 오히려 평범한 하루 속에서 나를 키우는 씨앗이 숨어 있습니다. 그 하루하루의 씨앗이 모이면, 어느새 큰 나무가 자라나 있을 것입니다."

지금, 이 글을 읽는 독자 여러분에게도 일기 쓰기를 권한다.

누구에게 보여주지 않아도 된다. 맞춤법이나 문장의 완성도는 중요하지 않다. 중요한 것은 여러분이 지금 어떤 마음으로 하루를 살아냈는지 기록하는 일이다. 그것이 자기 계발의 시작이자, 자신을 사랑하는 방법이다. 일기는 여러분을 몰라보게 바꾸는 가장 조용하고도 강력한 도구가 될 것이다.

자유롭게 쓸수록 좋은 글

 글을 잘 쓰기 위한 방법이 따로 있을까?
 나는 일선에서 경찰관으로 근무할 때부터 '글은 마음을 담는 그릇'이라 믿었다. 누군가에게 보여주기 위한 글쓰기보다, 자기 자신에게 진실하게 쓰는 글이 더 가치 있다고 여겼다. 그 중심엔 언제나 자유가 있었다. 자유롭게 쓸 때, 비로소 내 마음 깊은 곳에서 울리는 문장이 나오기 시작했다.
 처음 글을 쓰기 시작할 때는 오히려 틀에 얽매여 있었다. 문장의 구조, 맞춤법, 글의 논리… 하나하나 따지다 보면, 정작 하고 싶은 말은 나오지 않았다. 그래서 과감히 내려놓았다. '내 일기장은 내 마음의 거울인데, 왜 남의 시선을 의식하며 써야 하나?' 그렇게 생각하니 글이 훨씬 편해졌고, 손도 술술 움직이기 시작했다.
 특히 감정이 복잡할 때, 억지로 문장을 다듬기보다 있는 그대로 써 내려갔다. 분노, 실망, 허탈함, 또는 작은 기쁨과 같은 감정들을 문법에 맞추지 않고 솔직하게 표현했을 때, 오히려 더 깊은 울림을 남겼다. 글은 문법보다 진심이 먼저다. 내가 나를 이해하기 위한 글쓰기라면 더욱 그렇다.

지구대 민원실 한쪽에서 잠깐의 여유를 틈타 써 내려갔던 메모들이 지금은 내 글의 초석이 되었다. 짧은 문장 하나라도 마음에서 우러난 것이면, 그 자체로 완성된 글이었다. 누구나 글을 잘 쓰고 싶어하지만, 글쓰기에서의 진짜 실력은 '솔직함'과 '지속성'에서 나온다. 자유롭게 쓴 글에는 가식이 없다. 그렇기에 오래 남는다.

일기 쓰기에서 자유로운 글 쓰기로

나는 어느 날부터 '일기 쓰기'에서 한 걸음 더 나아가 '자유로운 글 쓰기'를 실험해 보았다. 형식 없이, 주제 없이, 떠오르는 대로. 그것은 마치 마음의 숨구멍 같았다.

고된 하루의 끝에 앉아 '오늘 무슨 일이 있었지?' 하고 스스로 묻고, 그 대답을 자유롭게 쓰다 보면 예상치 못한 감정들이 흘러나왔다. 억눌린 속마음도, 놓쳤던 감사도, 돌아보지 않았던 후회까지도…

이런 글쓰기는 내 삶에 놀라운 변화를 가져왔다.

감정을 다스리는 힘이 생겼고, 타인을 더 이해하게 되었으며, 무엇보다 나 자신을 솔직하게 대면할 수 있게 되었다. 자유롭게 쓰는 글은 거울이자 해방구였다. 그것은 단지 종이에 쓰인 문장이 아니라, 나를 성장시키는 삶의 연습이었다.

일기장이든, 노트든, 블로그든 상관없다. 장소나 도구도 중요치 않다. 중요한 건 마음을 억누르지 않고 흘려보내는 것. 문장이 엉성해도 괜찮고, 문단이 정돈되지 않아도 괜찮다. 자유롭게 쓴 글 속에는, 오히려 더 선명한 '나 자신'이 담긴다. 그렇게 쓴 글을 다시 읽을 때마다, 나는 나 자신에게 조금 더 가까워진다.

어떤 날은 힘겹게 무거운 문장만 써 내려갈 때도 있다.
그럼에도 쓰고 나면 마음은 한결 가벼워진다. 마치 마음의 먼지를 털어낸 듯 숨통이 트인다. 글은 말하지 못한 감정을 담아내는 또 하나의 언어다. 내가 그것을 자유롭게 다룰 수 있게 되었을 때, 나는 비로소 글을 사랑하게 되었다.
지금 그대가 글을 쓰고 있다면, 더 이상 완벽한 글을 쓰려 애쓰지 않아도 좋다. 자유롭게 쓰는 글이야말로 가장 그대다운 글이다. 그 글이 그대의 내면을 단단하게 만들고, 삶의 길을 밝혀줄 것이다. 글은 그대의 진심을 기다리고 있다.

강점을 키우는 글쓰기 연습

 글을 쓰다 보면 어느 순간부터 '나는 어떤 글을 잘 쓸 수 있을까?'라는 질문과 마주하게 된다. 처음에는 그저 하루를 기록하고 감정을 정리하기 위해 시작한 일기였지만, 반복되는 기록 속에서 나의 글쓰기 스타일과 강점을 서서히 발견하게 마련이다.
 나의 경우, 경찰이라는 직무와 무관하지 않았다. 현장에서의 사건, 감정의 변화, 사람들의 행동을 관찰하고 그것을 글로 풀어내는 능력이 조금씩 자라났다.
 현장에서 만났던 다양한 직업의 사람들과 다양한 사건은 생생한 나의 글감이 되었다.
 누군가에겐 두렵고 혼란스러운 시간이었을 그 순간들을, 나는 보다 인간적인 시선으로 바라보고자 했다.
 피해자의 떨림, 가해자의 후회, 목격자의 갈등, 그 감정의 결을 포착하는 데 집중했다.

처음에 나는 그저 상황을 전달하는 수준에 머물렀지만, 시간이 지나면서 '그 안에 있는 사람들'을 쓰기 시작했다. 그것이 나의 글쓰기에서 가장 큰 강점이 되었다.

강점을 키운다는 것은, 나의 '다름'을 인정하고 그것을 반복 속에서 갈고닦는 과정이다. 예를 들어, 어떤 이는 묘사에 강하고, 또 어떤 이는 구조적인 글을 잘 쓴다. 나는 '감정의 흐름'을 따라가는 글쓰기를 통해 독자에게 공감과 울림을 줄 수 있다는 확신을 얻었다. 글 속에서 그날의 공기, 목소리, 눈빛을 되살려내려 노력하다 보면, 자연스럽게 글에 생동감이 더해진다.

이 강점은 날마다 글 쓰는 습관에서 나왔다.

글쓰기의 초반에는 '어떻게 잘 쓸까?' 하는 고민에 머무르기 쉽다. 하지만 잘 쓰는 것보다 중요한 건 '내가 진짜 쓰고 싶은 이야기를 찾는 것'이다. 반복된 글쓰기 속에서, 나는 내가 공감하는 주제에 더 오래 머무르고, 더 풍부하게 풀어낸다는 것을 알게 됐다. 그건 누구도 대신해 줄 수 없는 나만의 색깔이었다.

또한 나는 일기장이라는 공간에서 그 어떤 평가나 제한도 받지 않고 자유롭게 나를 표현할 수 있었다. 그 공간 안에서 나는 실험하고, 실패하고, 다시 시도하며 조금씩 글을 다듬었다.

때로는 과감한 표현도 해보고, 때로는 극도로 담백한 문장을 써보며 나의 문체를 확립해 갔다.

강점을 키우는 글쓰기를 위해선 몇 가지 노력이 필요하나.

첫째, 다양한 글을 읽어보는 것이다. 나는 내가 잘 쓰는 글이 어떤 글인지도 모르던 시절, 수많은 책과 수필, 사건 기사들을 읽으며 '내가 끌리는 문장'을 찾아냈다.

그 문장을 따라 써보고, 비슷한 분위기의 글을 흉내 내보며, 내 문장을 키웠다.

둘째, 피드백을 겁내지 않는 것이다. 나는 동료 경찰에게, 때로는 블로그 독자에게 글을 보여주며 반응을 살폈다.

어떤 부분이 울림을 주는지, 어떤 문장은 지나치게 감정적이었는지 돌아보며 글을 수정해 나갔다.

피드백은 나의 시선을 확장하고, 독자의 입장에서 글을 보게 만드는 힘이 있다.

셋째, 내가 잘 쓰는 글감을 스스로 정리해 두는 것이다. 내게 익숙한 주제는 글쓰기를 수월하게 만들어 준다. 나는 '현장 이야기', '감정의 변화', '소소한 하루의 깨달음' 같은 주제를 글감 노트에 따로 정리해 두고, 글이 막힐 때마다 꺼내 읽는다. 이것은 내 글쓰기의 재료이자 연료가 되어준다.

글을 잘 쓰는 방법은 무수히 많다.

하지만 내 글을 오래도록 쓰기 위해서는 나의 강점을 알고, 그것을 발전시켜야 한다. 내가 어떤 이야기에서 가장 많은 말을 하고 싶어지는지, 어떤 순간에 글이 술술 풀리는지 관찰할 필요가 있다. 강점은 멀리 있는 것이 아니라, 매일 써온 자신의 글 속에 이미 존재하고 있다.

지금도 나는 일기를 쓴다.

경찰의 일선 현장에서 썼던 일기, 퇴직 후 매일 써내려 가는 자연과 사람에 대한 관찰 기록, 아침마다 정리하는 생각들... 그 속에서 나의 글은 자라고, 나의 강점은 더 또렷해진다.

이 글을 읽고 있는 독자 여러분도 분명 자신만의 강점이 있다. 글을 써보라. 그대의 이야기를, 그대의 시선으로. 그 안에 그대만의 문장이 숨어 있을 것이다.

매일 쓰는 습관이 글을 만든다

글쓰기는 훈련이다.

특별한 재능이 있는 사람만 글을 잘 쓰는 것이 아니라, 매일 연습하는 사람이 결국 글의 결을 만들어 낸다. 나는 일기 쓰기를 통해 그 진리를 체감했다. 글을 매일 쓴다는 건 생각보다 쉽지 않지만, 매일 써야만 얻을 수 있는 것들이 있다.

일선 경찰관들의 업무기록은 꼭 필요하다.

나는 매일 사건 보고서와 일지를 작성했다. 처음엔 단순히 형식적인 보고에 그쳤지만, 어느 순간부터 기록의 깊이를 고민하게 되었다. 같은 사건도 어떻게 표현하느냐에 따라 전혀 다른 감정이 전달되었다. 단어 하나, 문장 하나에 따라 누군가는 위로받고, 누군가는 진심을 느낄 수 있다는 사실을 깨달은 순간부터 글쓰기가 단순한 업무가 아니라 내 삶의 중심으로 자리 잡기 시작했다.

매일 쓰는 연습은 일단 '생각의 흐름'을 자연스럽게 만들어 준다. 글이 막히는 이유는 대부분 '생각을 풀어내는 데 익숙하지 않기' 때문이다. 나는 아침마다 일기를 쓰며, 어제의 감정과 오늘의 다짐을 정리했다. 처음에는 '무슨 말을 써야 할지' 몰라 몇 줄로 끝내던 날도 많았지만, 시간이 흐르면서 글이 길어지고, 감정이 섬세해졌다. 글의 뼈대를 잡는 능력도, 글감의 방향도 자연스레 확장되었다.

매일 쓰는 연습은 또한 자신감과 연결된다.

누구나 처음에는 부족하다. 하지만 하루, 이틀, 일주일, 한 달... 그렇게 한 줄씩, 한 장씩 쓰 나가다 보면 쌓이는 양이 자신감으로 승화한다. 나는 대학노트 한 권을 가득 채운 뒤에야 '나도 글을 쓸 수 있겠구나' 하는 믿음이 생겼다. 이 믿음은 더 많은 글을 쓰는 동력이 되었고, 결국 책 한 권을 쓸 수 있게 했다.

글쓰기 연습에는 정답이 없다.

다만 꾸준함이 가장 확실한 방법이라는 사실은 누구에게나 통용되는 진실이다. 좋은 글을 쓰기 위해 책을 읽고, 필사(筆寫)하고, 글쓰기 강좌에 참여하는 것도 좋지만, 결국 나를 성장시키는 것은 '내가 매일 쓰는 글'이라는 사실을 잊지 말아야 한다. 그 글이 비록 처음에는 어색하고 부끄러울지라도, 그것이 나의 언어가 되고, 나의 문장이 되고, 나만의 이야기가 된다.

나는 현장에서 겪은 사건들을 정리하며 내 글쓰기의 강점을 알게 되었다. 사람들의 감정선을 따라가는 이야기, 작은 행동 속에 숨겨진 인간의 본성, 경찰의 시선으로 바라본 세상. 그 모든 비밀은 내가 매일 쓰지 않았다면 발견할 수 없었을 것이다. 글쓰기의 힘은 '발견'에 있다. 그리고 발견은 '반복'에서 비롯된다.

하루를 정리하며 쓰는 글이, 나를 돌아보게 하고, 내일을 준비하게 한다. 글은 결국 '나 자신과의 대화'다. 오늘 어떤 사건을 만났고, 어떤 감정을 느꼈고, 무엇을 생각했는지를 날마다 기록하는 이 작은 습관이, 인생을 바꾸는 가장 큰 힘이 되었다.

나는 지금도 여전히 매일 쓴다.

피곤한 날도 있고, 무슨 말을 써야 할지 막막한 날도 있다. 하지만 그런 날일수록 더 쓰려고 한다. 감정이 흔들리는 날일수록 글을 통해 중심을 잡으려 한다.

그건 훈련이고, 연습이고, 내 삶을 지켜내는 방식이다.

그대도 지금부터 시작할 수 있다.

매일 한 문장, 한 단락, 한 페이지. 완벽하지 않아도 좋다. 중요한 건 '매일 쓰는 습관'이다. 그렇게 쓴 글은 그대의 기록이 되고, 그대의 강점이 되고, 언젠가는 누군가에게 감동을 주는 이야기가 될 것이다.

의미 있는 일기 쓰기, 제목을 붙여보자

날짜가 붙게 마련인 일기는 그 자체로 완성된 글이다.

그러나 일기 위에 '제목'이라는 이름을 얹는 순간, 글의 성격은 한층 더 선명해지고, 독자의 관심도 달라진다.

제목은 단지 이름이 아니라, 그날 쓴 글의 본질을 꿰뚫는 한 줄의 요약이자 나침반 같은 역할을 한다.

나는 어느 날부터 일기 위에 제목을 붙이기 시작했다.

처음엔 막막했다.

'하루를 어떻게 단 한 문장으로 정의할 수 있을까?'

하지만 조금씩 해보니, 제목은 생각보다 어렵지 않았다. 오히려 내 글의 핵심을 짚어내는 좋은 훈련이 되었다.

예를 들어, 단순한 하루의 기록에도 <테헤란 거리의 밤>, <사기범의 최후>, <한여름 밤의 절규> 같은 제목을 붙이면 글이 가진 감정선이 더 깊어진다. 때로는 제목을 먼저 정해두고, 그에 걸맞게 일기를 풀어나가기도 했다. 이 방식은 글쓰기에 방향성을 줄 뿐만 아니라, 생각을 정리하는 데도 큰 도움이 되었다.

제목을 붙이는 습관은 나 자신도 관찰하게 했다.

하루를 마치고 글을 쓰기 전, 나는 스스로 물어본다.

'오늘 하루를 한마디로 표현한다면?'

이 질문은 자연스럽게 나의 감정과 사건을 되짚어 보게 했다. 글을 쓰기 전에 마음을 정돈하게 되었고, 글이 끝났을 때는 하루에 대한 나만의 '요약(要約)'을 가진 사람이 되어 있었다.

일선 근무 때도 나는 사건 보고서에 간결한 제목을 붙이는 연습을 했다. <소주 한 병 1억 원>, <할머니의 전셋돈>, <유진이의 눈물> 같은 제목들은 단순한 사건에 생생한 맥락을 더해줬다. 이런 제목 달기 연습은 일기 쓰기에도 고스란히 적용되었다. 일기의 제목은 하루를 기억하는 또 하나의 방식이 되었고, 나중에 다시 읽을 때 그 제목만으로도 그날의 감정이 떠올랐다.

특히 블로그에 글을 올릴 때, 제목은 독자의 선택을 좌우하는 중요한 열쇠가 되었다. <맨발 걷기 예찬>, <모과와 친구> 같은 제목들은 독자와의 교감을 유도했고, 댓글과 소통의 문을 열어주는 창(窓)이 되었다. 당연히 제목은 내 글을 더 멀리, 더 오래 전하는 힘이었다.

제목을 붙일 때 중요한 것은 '감정'과 '핵심'이다. 감정은 공감을 이끌고, 핵심은 기억을 남긴다. 나는 매일 일기를 쓰면서, 이 두 가지가 잘 드러나는 제목을 붙이려 노력했다.

어떤 날은 한 단어만으로도 충분했다. <산길>, <붉은 저녁>, <기다

림>. 비록 짧지만, 그 안에 하루가 담겨 있었다.

  제목은 글의 얼굴이다.

  매일의 일기에도 얼굴이 있다면, 그 얼굴은 독자를 맞이하는 미소이자 나 자신에게 던지는 질문이다. 오늘 나는 어떤 얼굴로 이 하루를 살았는가? 이 질문에 답하는 한 줄, 그것이 바로 제목이다.

  이제부터라도 매일 일기 위에 제목을 붙여보자.

  처음에는 어색하겠지만, 곧 그대의 글이 살아나고, 그대의 하루가 더 또렷이 기억될 것이다. 제목은 그대가 그대의 삶에 붙이는 작은 표지판이다. 그 표지판을 따라가다 보면, 어느새 그대만의 길을 걷고 있는 자신을 발견하게 될 것이다

네 멋대로 써라
소소한 오늘, 조용히 써 내려간 일기
재미있으면 잘하게 마련이다
하루를 여는 뮤, 하루를 닫는 등불
닮고 싶은 사람, 닮아가는 나
현재를 잘 사는 미래 일기
포기하지 않으면 할 수 있다

제3장

처음 일기를 쓰는
그대에게

네 멋대로 써라

처음 일기를 쓸 때 나는 참 조심스러웠다.

맞춤법은 제대로 맞췄는지, 문장은 너무 짧지 않은지, 이 글을 누가 본다면 이상하게 여기진 않을지… 아니라고 하면서 나도 모르게 남의 시선을 의식하며 쓰고 있었다.

지금 생각하면 그게 무슨 의미가 있었을까 싶다. 일기는 남을 위한 글이 아니라 나를 위한 글인데 말이다.

지금 나는 "네 멋대로 써라!"라고 말하고 싶다.

일기엔 정해진 형식도, 규칙도 없다. 오늘 기분이 우울하면 그 우울함을 그대로 옮기면 되고, 기쁜 날엔 기쁨을 담으면 된다. 말하듯 쓰면 된다. 글이 길어도 좋고, 짧아도 좋다. 누가 뭐라 하지 않는다. 그저 솔직하면 된다. 진짜 나의 감정과 생각을 마주하는 것이 중요하다.

업무를 처리하고 담당하는 경찰관들의 보고서는 늘 형식과 절차가 중요했다. 정확해야 했고, 간결해야 했고, 감정이 개입되면 안 되었다. 그래서 나는 오히려 일기를 통해 내가 느낀 감정을 자유롭게 풀어낼 수 있었다. 일기는 내가 하루 동안 참아야 했던 것들을 토해내는 공간이 되었다. 거기에는 눈물이 있었고, 분노가 있었고, 후회와 다짐이 공존했다.

어느 날은 단 두 줄로 끝난 적도 있다.

'오늘 너무 힘들었다. 그냥 이불 속에 숨어 버리고 싶다.'

이 두 줄이 그날의 나를 설명하기에 충분했다. 또 어떤 날은 다섯 쪽을 쉴 새 없이 써 내려갔다. 어떤 분노와 억울함이 나를 그렇게 몰아갔는지, 그 글을 지금 다시 보면 그때 내 마음이 고스란히 느껴진다. 바로 그게 일기의 힘이다. 완벽한 글이 아니라, 진짜 나를 만나는 글.

하루는 경찰서에 근무하던 후배가 내게 물었다.

"선배님, 일기는 어떻게 써야 해요? 뭔가 순서가 있나요?"

나는 웃으며 "네가 하고 싶은 말부터 써봐라."라고 말했다.

"괜히 서론, 본론, 결론 따지지 말고. 그냥 오늘 있었던 일 중에 기억에 남는 걸 떠올려 봐. 거기서 시작하면 돼."

글쓰기란 결국 자기 자신과의 대화다.

그러니까 일기만큼은 꾸미지 말자. 오타가 나도 괜찮고, 감정에 취해 다소 거친 문장이 나와도 괜찮다. 누구에게 보여주기 위한 글이 아니니까. 나를 위해 쓰는 글, 내 안을 들여다보는 글이니까.

내가 만난 사람 중 어떤 이는 일기를 그림으로 그리기도 했다. 어떤 이는 단어만 나열하기도 했다. 그 모든 표현이 그 사람의 일기였다. 중요한 건 표현의 형식이 아니라 그 안에 담긴 마음이다. 그 마음이 진짜라면, 어떤 방식이든 충분하다.

일기는 누구에게나 열려 있는 문장이다.

나이도, 직업도, 문장 실력도 중요하지 않다. 마음만 있다면 지금 당장 시작할 수 있다. 그리고 그 첫 문장은 이렇게 시작해도 좋다.

"오늘은 그냥, 나답게 써본다."

쓰면서 자신을 더 잘 알게 되고, 자기감정에 더 솔직해지고, 무엇보다 글쓰기가 점점 자연스러워진다. 네 멋대로 쓰는 그 경험이야말로, 일기 쓰기의 첫 출발이자 가장 강력한 성장의 비결이다.

오늘부터, 그냥 써보자.

교정도 필요 없고, 문법도 잠시 내려놓고, 그저 오늘의 나를 진심으로 적어 보는 것. 그것이면 충분하다.

누구도 평가하지 않고, 점수를 매기지 않는 공간. 그게 바로 일기의 세계다.

자, 오늘 그대의 첫 문장은 무엇인가요?

소소한 오늘, 조용히 써 내려간 일기

　일기란 거창하지 않아도 된다.

　오히려 소소한 오늘을 조용히 써 내려갈 때, 그날의 마음이 가장 진하게 남는다. 우리가 매일 겪는 일상에는 감정의 잔물결들이 흐르고 있다. 아침에 눈을 떴을 때 느낀 햇살의 따스함, 마트에서 마주친 낯선 사람의 미소, 오랜만에 들은 노래 한 곡에서 문득 떠오른 기억. 이런 순간들이 일기의 재료가 된다.

　출근하는 날에는 크고 작은 사건들이 항상 가득했다.

　사람들의 삶이 나아지는데도 세상이 극한 이기주의로 흐르면서 민원들로 이어졌고, 급박한 출동이 잦았다. 하지만 그 속에도 소소한 감정들이 있었다. 시민의 고맙다는 한마디, 초조하게 기다리는 피해자의 표정, 동료와 커피 한 잔을 나누며 나눈 짧은 웃음. 이런 것들이 하루의 숨은 주인공이었다.

나는 이 감정들을 조용히 일기에 옮겨 적었다.

어떤 날은 너무 바빠 일기를 쓰지 못하고 잠자리에 들었다가도, 다시 일어나 몇 줄이라도 써 내려가곤 했다.

"오늘 아침엔 바람이 좀 차가웠다. 이젠 정말 가을인가 보다."

이런 짧은 문장이라도, 그날의 내 감정과 온도를 간직하게 해준다.

거듭 강조하거니와 일기의 힘은 반복에서 나온다.

처음엔 어색하고 귀찮아도, 점점 쓰는 재미가 붙는다. '기록하는 나'라는 정체성이 생긴다. 하루도 그냥 흘려보내지 않고, 꼭 한 번은 나 자신을 돌아보게 된다. 글로 정리된 감정은 오래 남고, 글로 담긴 순간은 시간이 흘러도 생생하게 되살아난다.

나는 종종 예전 일기장을 꺼내 읽는다.

몇 년 전 어느 봄날, 커피 한 잔 들고 공원 벤치에 앉아 쓴 일기에는, 잊고 있던 내 마음의 따뜻함이 살아 있다. 그때 느꼈던 햇살, 지나가던 아이의 웃음소리, 내 옆에 조용히 앉아 있던 친구의 모습… 글은 마법처럼 그 시간을 불러낸다.

소소한 일상을 쓰다 보면, 어느새 그것이 특별한 이야기가 된다. 매일 같은 출근길에도, 마음가짐에 따라 다른 풍경이 펼쳐진다. 오늘은 비가 내렸고, 우산 속에서 나는 나만의 공간을 느꼈다. 이런 감정들이 쌓여 나를 만든다.

일기는 또한 감정의 쓰레기통이 되기도 한다.

말로 풀지 못한 억울함, 부당한 상황에서 겪는 분노, 이해받지 못한 외로움. 이 모든 감정을 종이에 털어놓을 수 있다.

그렇게 쓴 글을 다시 읽어보면, 내 감정을 객관적으로 바라보는 힘도 생긴다. 때론 내가 왜 그렇게 화를 냈는지, 왜 그렇게 상처받았는지 스스로 이해하게 된다.

나는 글을 쓰면서 조금씩 달라졌다.

더 차분해졌고, 감정에 휩쓸리기보다는 들여다보는 사람이 되었다. 누군가에게 털어놓지 못했던 이야기들도, 일기장 속에서는 자유롭게 흘러나왔다. 그 안에서 위로받고, 정리되고, 치유 받았다.

글이란 결국 자신을 이해해 가는 과정이다.

소소한 오늘을 조용히 써 내려가는 일, 그것이 삶을 조금 더 다정하게 바라보게 만든다. 일기는 나의 하루를 담는 그릇이자, 나 자신을 들여다보는 거울이다. 특별한 사건이 없어도 괜찮다. 평범한 하루에도, 적어야 할 감정은 늘 존재한다.

오늘 하루, 그대는 어떤 마음으로 보냈나요?

그 마음을 조용히 써 내려가 보세요.

그것만으로도 충분히 가치 있는 기록이 됩니다.

재미있으면 잘하게 마련이다

처음 일기를 쓰기 시작했을 때, 나는 무언가를 잘 써야겠다는 부담감에 사로잡혀 있었다. 한 문장, 한 문장을 쓰면서도 머뭇거리고, 맞춤법이나 문장 구조에 매달려 글의 흐름이 자주 끊기곤 했다. 글이란 누군가에게 보여주기 위한 것이라는 생각이 마음속에 단단히 자리 잡고 있었던 탓이다.

하지만 어느 날, 이런 고민을 한순간에 떨쳐내게 된 계기가 있었다. 어느 따뜻한 봄 날, 나는 출근하자마자 쏟아지는 사건들에 정신없이 휘말렸다. 사건 정리를 마치고 퇴근할 무렵, 지구대 책상 한쪽에 접힌 내 노트를 발견했다. 아무 생각 없이 펼쳐 보니, 며칠 전 적어둔 일기의 한 줄이 눈에 들어왔다.

"오늘 아침, 할머니가 건넨 미소가 오래 남는다."

짧은 문장이었지만, 그날의 피로가 사르르 풀리는 느낌이었다. 그 순간 깨달았다. 글이란 거창할 필요도, 완벽할 필요도 없다는 것을.

기록하는 재미만으로도 일기의 가치는 충분

그때부터 나는 무엇이든 재미있게 써보기로 했다.

사건 현장에서의 작은 에피소드, 점심시간 동료와 나눈 대화, 출퇴근길에 스쳐 지나간 풍경까지. 무거운 주제를 피해도 괜찮았다. 중요한 건 '기록하는 재미'였다. 나만이 기억하고 싶은 장면, 그 순간의 감정을 글로 옮기는 것이 진짜 글쓰기였다. 그렇게 시작된 글쓰기는 점점 나의 하루를 환하게 비추는 등불이 되어갔다.

일상에서 즐거움을 발견하는 법을 배우니 글감도 넘쳐났다.

예를 들면 이런 것이다. 무전기에서 흘러나오는 사건 안내 방송 속 어딘가 익숙한 목소리, 순찰차 안에서 흐르던 라디오 선곡, 습관처럼 마시는 자판기 커피의 온도. 이런 것들도 글이 되었다. 별것 아닌 순간이었지만, 그 속에 담긴 감정은 진짜였다.

재미있게 쓰려면 억지로 심각한 이야기를 꺼낼 필요가 없다.

그냥 내가 웃었던 일, 화났던 일, 감동했던 순간을 솔직하게 써보면 된다. 특히 글쓰기 초보자라면 무거운 주제보다 자신이 관심 있는 이야기를 써보는 게 훨씬 좋다. 내 안에 쌓인 이야기를 꺼내는 것이 글쓰기의 출발점이다.

나는 아이들과 대화한 내용을 자주 일기에 옮기곤 한다. 어린 아들이 툭 던진 한마디에 웃음을 터뜨리기도 하고, 그 속에서 나도 몰랐던 내 모습을 발견할 때도 있다.

"아빠는 왜 맨날 같은 옷 입어?"

이 말에 웃다가도, 문득 내 생활의 루틴을 돌아보게 되곤 했다. 이렇게 평범한 대화도 진심을 담아 쓰면 마음을 움직이는 글이 된다.

경험상, 쓰는 재미를 느낀 글은 읽는 사람에게도 그대로 전해진다. 감정이 살아 있는 글, 나의 솔직한 고백이 담긴 문장은 누군가의 마음에 닿는다.

꼭 문학적인 표현이 아니어도 된다. 중요한 건 진정성이다. 마음에서 우러난 글은 문장이 조금 서툴러도 그 자체로 힘이 있다.

내가 글쓰기를 계속할 수 있었던 이유 중의 하나다. 재미있으니까, 스스로 즐기니까 포기하지 않았다. 매일 조금씩, 내가 느낀 것을 써 내려가며 글쓰기는 일상이 되었다. 일기장은 그저 감정의 쓰레기통이 아니라, 삶의 감각을 기록하여 갈무리하는 보고(寶庫)였다. 그리고 이 글들을 모아 지금의 원고를 만들고 있다.

무엇이든 재미있게 쓰는 습관, 그것은 글쓰기의 지속력을 높여준다. 글은 잘 쓰는 것도 좋지만, 오래 쓰자는 것이다. 그리고 오래 쓰기 위해선, 글쓰기를 통해 자신만의 즐거움을 발견해야 한다.

오늘도 나는 글을 쓴다.

재미있기 때문이다. 나만의 이야기를 남기는 이 작은 습관이, 누군가에게는 깊은 울림으로 전해지기를 바라면서.

하루를 여는 문, 하루를 닫는 등불

나는 늘 새벽에 하루를 시작하곤 했다.

사람들 대부분이 아직 꿈속을 헤맬 시간, 나는 차가운 공기를 뚫고 순찰차에 올랐다. 조용한 골목을 돌며 어둠 속에서 깨어나는 도시의 숨결을 느꼈다. 어쩌면 그 시간은 나에게 가장 고요한 사색의 시간이었을지도 모른다. 그렇게 하루를 시작하면서, 나는 늘 생각했다.

오늘은 어떤 일이 나를 기다리고 있을까.

그러던 어느 날, 문득 내 하루의 시작이 늘 긴장과 두려움으로 가득 차 있다는 것을 깨달았다. 매번 예상치 못한 상황이 벌어지는 현장, 때로는 생사의 경계에 서는 순간들. 그 속에서 내가 나를 지킬 방법은 무엇일까. 그때부터 나는 매일 아침, 하루를 여는 일기를 더 열심히 쓰기 시작했다. 글로 하루를 열면 마음이 차분해졌고, 작은 각오 하나라도 글로 옮기면 나를 다잡는 힘이 되었다.

일기는 단지 어제 일을 기록하는 것만이 아니었다.

오늘을 준비하는 예열이었고, 나를 다듬는 사색의 시간이었다.

"오늘 하루는 감사의 마음으로 살아보자."

"한 사람만이라도 따뜻하게 대해보자."

이런 다짐을 아침 일기 속에 적으면, 그 하루는 어딘가 모르게 다른 색으로 물들곤 했다. 때론 작고 사소한 다짐 하나가 나의 언행을 바꾸었고, 사람들을 대하는 태도에 온기를 더해주었다.

하루를 마무리할 때도 마찬가지였다.

밤이 되면 나는 다시 일기를 꺼냈다. 아침의 다짐은 지켜졌는지, 누군가에게 상처를 주지는 않았는지, 내 감정은 무사했는지 돌아보는 시간이었다. 퇴근 후 피곤한 몸을 이끌고 책상 앞에 앉아 펜을 드는 일이 쉬운 건 아니었지만, 그 순간만큼은 오직 나만을 위한 시간이었다. 그날의 분노와 억울함, 때로는 감동과 감사까지 모두 적어 내려가다 보면 마음이 정리되고 가벼워졌다.

이처럼 하루의 시작과 끝을 일기로 여닫는 일은 나에게 습관이자 의식이 되었다. 글은 내 마음을 정화하는 도구였고, 나 자신과의 대화였다. 일기의 문을 여는 순간, 나는 그날의 나를 객관적으로 바라볼 수 있었다. 일기의 문을 닫는 순간, 나는 나를 다독이며 다음 날로 넘어갈 준비를 할 수 있었다.

한 번은 이런 적도 있다.

유난히 힘들었던 하루, 사건 처리 도중 부당한 대우를 받았고, 억울한 감정을 삭일 수 없어 일기장 앞에 앉았다. 눈물로 글씨가 번질 정도로 감정을 쏟아냈고, 다 쓰고 나니 마음이 놀랍도록 편해졌다.

글은 내 속의 감정을 흘려보내는 통로였고, 그 통로가 있어 나는 무너지지 않고 버틸 수 있었다.

누군가 내게 글쓰기를 왜 하느냐고 묻는다면, 나는 주저 없이 대답할 수 있다.

"살기 위해서요."

매일의 감정과 생각을 기록하지 않았다면, 나는 아마 그 많은 감정에 휩쓸려 방향을 잃었을 것이다. 일기는 나의 나침반이었고, 삶의 균형추였다. 아침과 밤, 하루를 여닫는 두 개의 열쇠였다.

지금도 나는 새벽 4시 반이면 잠에서 깨어, 창가에 앉아 일기를 쓴다. 어제의 나를 돌아보고, 오늘의 나를 그려보며, 다시 하루를 살아갈 용기를 얻는다. 그리고 밤이면, 하루의 무게를 조용히 내려놓는다.

그 글들이 모여 어느새 한 권의 원고가 되었고, 그 원고는 지금 독자 여러분과 만나기 위해 다듬어지고 있다.

그대의 하루는 어떤 등불로 시작되고, 어떤 빛으로 마무리되는가. 일기 한 줄이면 충분하다. 아침의 다짐 한 마디, 밤의 소감 한 줄. 그것이 그대의 하루를 바꾸고, 결국 그대의 삶을 바꿀 것이다.

오늘 하루, 그대의 등불은 어디서 켜질까.

그리고 그 빛은 어떤 기억으로 남게 될까.

닮고 싶은 사람, 닮아가는 나

내가 글쓰기의 역할(롤) 모델로 삼은 이는 여행가이자 작가인 한비야였다. 그녀의 책을 처음 읽은 건 파출소 근무 시절, 잠시 짬을 내 들른 구내 서점에서였다. 우연히 펼쳐 든 『바람의 딸, 걸어서 지구 세 바퀴 반』이라는 제목에 끌려 몇 페이지를 넘기다 보니, 그녀의 강인함과 따뜻함이 글에서 그대로 전해져왔다.

"나도 저런 글을 쓰고 싶다."

그렇게 내 마음에 싹텄고, 나는 그녀를 닮고 싶어졌다.

그때부터 나는 한비야의 책을 따라 읽기 시작했고, 그녀의 글을 베껴 쓰며 문장의 구조와 리듬을 익혔다. 단순히 그녀의 여행이 부러워서가 아니었다.

그녀의 글은 늘 진심을 담고 있었고, 독자를 향해 말하듯 써 내려갔다. 진솔하고, 살아 있는 문장들. 그것이 내가 배우고 싶었던 글쓰기의 본질이었다.

　그녀처럼 나도 누군가의 마음을 울릴 수 있는 글을 쓰고 싶었다. 사건 현장에서 마주한 삶의 단면들, 내가 경찰로서 느낀 희로애락, 그리고 내 안의 작고 소중한 감정들. 그것들을 어떻게 쓰면 사람들의 가슴에 닿을 수 있도록 할지 고민하며 매일 일기를 썼다.

　그리고 어느새, 글을 쓰는 일이 단지 기록의 의미를 넘어서, 나를 성장시키는 일이 되어 있었다.

　어느 날은 글이 써지지 않아 머리를 쿵쿵 박기도 하고, 나 스스로 자학하듯 무너지는 날도 있었다. 그런데 놀랍게도, 그 모든 시간을 지나며 마침내 알게 되었다. 왜 내가 이렇게까지 글을 쓰려 애쓰는지. 왜 기록하지 않고는 견딜 수 없는지.

　세상과 나를 움직이는 마음의 가장 밑바닥에는, 단 하나의 이유가 있었다. 그건, 사랑이었다.

　나는 운동도 매일 한다. 그리고 그 운동에는 또 다른 롤 모델이 있다. 내가 다니는 헬스장에는 팔십 가까운 연세에도 불구하고 여전히 근육질 몸매를 유지하며 아령을 드는 어르신이 계신다.

　"나는 아직도 목표가 있어요. 매일 조금씩, 단 한 걸음이라도 앞으로 나아가고 싶거든요."

　그분의 말은 내 삶의 또 다른 이정표가 되었다. 나는 운동 일지를 쓰면서 내 몸과 마음의 변화를 기록했다. 걷고, 땀 흘리고, 일기를 쓰는 하루. 그 모든 과정이 롤 모델을 향해 닮아가는 과정이었다.

　우리는 누구나 누군가를 닮고 싶어 한다.

그리고 그 닮음은 단순히 흉내 내는 것이 아니라, 마음속 깊은 곳에서 우러나오는 동경이 실천으로 옮겨질 때 비로소 시작된다. 나에게 한비야는 그런 존재였다. 그녀처럼 나도 세상을 기록하고, 사람들에게 희망을 전하고 싶었다.

그녀의 책을 따라 적으며, 나는 내 문장을 가다듬었고, 그녀가 했던 말들을 따라 말하면서 내 태도를 바꾸었다. 그녀의 여행처럼 내 삶도 낯설고 때로는 위험했지만, 그 길 위에서 나는 나만의 문장을 만들어 갔다.

경찰이라는 직업은 사람의 가장 밑바닥과 마주하는 일이다. 그 속에서 나는 무수히 흔들렸고, 때론 지쳤다.

하지만 그런 순간마다 나를 다잡아 준 것은 내가 닮고 싶었던 이들이었다. 글쓰기에서 한비야를, 삶의 태도에서는 체육관의 어르신을, 그리고 일상을 꾸려가는 자세에서는 매일 성실히 일기를 쓰는 나 자신을 역할 모델로 삼았다.

우리는 결국 닮고 싶은 사람을 향해 걸어간다.

멀게만 느껴졌던 그들이 어느 순간 내 안에 스며들고, 그들의 흔적이 나의 문장과 말투와 태도에 배어든다. 롤 모델이 있다는 것은 방향이 있다는 것이고, 방향이 있다는 것은 흔들려도 다시 나아갈 길이 있다는 뜻이다.

지금도 나는 아침이면 한비야의 글 한 문장을 다시 읽는다.

그리고 저녁이면 운동일지를 적으며 오늘 내가 얼마나 그녀에 가까워졌는지 확인해 본다. 완벽히 닮을 수는 없겠지만, 그 방향으로 하루하루 나아가는 나를 믿는다. 그리고 언젠가 누군가가 내 글을 읽고 이렇게 말할지도 모른다.

"나도 이 사람처럼 글을 쓰고 싶다."라고.

그때가 오면, 나는 또 다른 누군가의 롤 모델이 되어 있겠지. 그렇게 우리는 서로에게 닮고 싶은 사람이 되어 살아간다. 나의 일기는 바로 그 닮음의 여정을 기록하는 작은 지도다.

그대는 지금, 누구를 닮아가고 있는가?

현재를 잘 사는 미래 일기

　사십 대 후반부터, 나는 매일 아침 일기를 쓰는 사람이었다. 이 습관은 단순히 하루를 기록하기 위한 것이 아니라, 나의 미래를 설계하고 현재를 성찰하는 가장 소중한 도구가 되었다. 과거에는 그저 하루의 일과를 정리하는 정도로 여겼던 일기가, 이제는 내 삶의 방향을 제시해 주는 나침반이 되어 있었다.
　오십 대 초반부터는 '미래 일기'를 쓰기 시작했다.
　퇴직이라는 거대한 전환점을 앞두고, 앞으로의 삶을 어떻게 살아갈 것인가에 대한 고민이 깊어졌고, 그 답을 찾기 위해 펜을 들었다. 처음에는 단순한 상상이었다.
　"나는 60세가 되면 무엇을 하고 있을까?"
　"70세에 나는 어떤 모습일까?"
　그런 상상을 글로 옮기다 보니, 점차 그 미래를 진지하게 바라보게 되었고, 하루하루의 선택이 달라지기 시작했다.

그 시절, 나는 일기장에 이렇게 썼다.

"나는 매일 새벽에 일어나 걷는다. 자연 속에서 호흡하며 건강을 다지고, 집에 돌아오면 책상 앞에 앉아 글을 쓴다. 그리고 그 글은 책이 되어 누군가의 마음에 닿아 잔잔한 감동을 준다."

그 문장을 쓴 순간, 나도 모르게 눈시울이 붉어졌다. 내가 간절히 바라는 삶이 거기 있었기 때문이다.

지금, 나는 그 일기 속의 삶을 살고 있다.

매일 아침 4시 반에 일어나 모랫길과 황톳길을 걷고, 그 풍경과 마음을 글로 옮긴다.

경찰 재직 때, 수많은 사건과 감정을 일기에 남기며 버텨냈던 것처럼, 지금의 나는 그 일기 덕분에 새로운 인생을 시작했다. 오십 대의 미래 일기는 현실이 되었고, 나는 작가로 살아가고 있다.

일기에는 힘이 있다.

전쟁의 한가운데서도 붓을 들었던 이순신 장군은 단지 작전을 기록한 것이 아니다. 그는 꿈에서 아버지를 만나 애통해했고, 전란 중에도 아들의 혼례를 치르며 복잡한 부정(父情)을 토로했다. 권율과의 갈등, 원균에 대한 원망, 부하들에 대한 서운함도 숨김없이 썼다. 새로 밝혀진 32일치 《난중일기》는, 32일이라는 짧은 기록이지만, 그 안에는 전쟁보다 더 깊은 인간의 내면이 살아 있다.

일기는 그런 것이다. 그 안에 있는 건 '위대한 장군'이 아닌, 흔들리고, 상처받고, 외로워하던 한 사람의 진심이다. 그리고 그것이 오늘

날까지도 사람들에게 진솔한 울림을 주고 있다.

미래 일기의 가장 큰 힘은, 지금을 다르게 살도록 해준다는 것이다. 막연한 희망이 아니라, 구체적인 하루의 계획이 담긴 미래를 써 내려가다 보면, 나 자신이 그 삶에 가까워지기 위해 노력하게 마련이다. 나는 일기장에 이런 문장을 자주 쓴다.

"나는 매일 글을 쓴다. 건강을 챙기고, 독서하며, 주변 사람들과 따뜻하게 소통한다."

이 문장을 반복해 쓰다 보면, 어느새 그 삶을 살고 있는 나를 발견하게 된다. 미래를 향한 다짐은 현재의 실천으로 이어지고, 그 실천은 삶을 변화시킨다.

그렇게 일기는 나를 조금씩 바꾸고, 한 걸음씩 앞으로 나아가게 만들어 주었다.

경찰 퇴직 후의 삶은 생각보다 더 복잡하고 막막할 수 있었다. 그러나 나는 미래 일기 덕분에 혼란을 덜 겪었다.

내가 어떤 삶을 살고 싶은지, 그 목표가 일기장 속에 분명히 있었기 때문이다. 그렇게 일기를 따라 살다 보니, 어느새 나는 내가 꿈꾸던 삶의 언저리에 와 있었다.

이제 나는 매일 미래 일기를 쓴다.

다음 달, 내년, 그리고 십 년 뒤의 나를 상상한다. 그리고 그 삶을 살기 위해 오늘 어떤 선택을 할지 적어본다. 일기는 내게 묻는다.

"오늘 하루, 네 미래에 도움이 되는 선택을 했는가?"

나는 미래가 막막하고 불안하다면, 일기를 써보라고 말한다. 하고 싶은 삶을 써 내려가고, 그 글을 매일 읽으며 하루를 살아보라고. 분명히 어느 날, 당신은 그 일기 속 주인공이 되어 있을 것이다.

삶은 우연이 아니라, 반복되는 상상과 실천의 결과이다.

나는 일기를 통해 그것을 배웠다. 그리고 지금도 매일, 미래를 설계하고 현재를 가꾸기 위해 글을 쓴다.

나의 일기는 과거의 기록이 아니라, 내 삶의 미래 설계도이다. 오늘도 그 도면 위에 한 줄을 더 그려본다.

나의 내일이, 더 단단하고 따뜻한 하루가 되기를 바라면서.

포기하지 않으면 할 수 있다

나는 오랫동안 글을 쓰며 나 자신을 단련해 왔다.

때로는 아무 말도 떠오르지 않는 날이 있었고, 무기력하게 키보드 앞에 앉아 멍하니 하루를 흘려보낸 적도 많았다. 하지만 나는 멈추지 않았다. 매일 단 한 줄이라도 써보자고 마음을 다잡았고, 그 꾸준함이 지금의 나를 만들었다.

일기 쓰기 역시 마찬가지였다. 처음에는 막막했다.

'내 삶이 과연 쓸 만한 가치가 있을까? 누군가에게 감동을 줄 수 있을까?'

불쑥불쑥 회의감이 밀려왔지만, 그럼에도 나는 썼다. 포기하지 않고 계속해서 한 줄 한 줄 써 내려갔다.

퇴직 후의 삶은 예측 불가능한 바다와도 같았다.

경찰 제복을 벗은 뒤, 나는 또 다른 정체성을 찾아야 했다. 그 막막함의 한가운데서도 내가 붙잡은 건 '일기 쓰기'라는 작은 닻이었다. 매일 새벽 눈을 뜨자마자 일기를 쓰며 하루를 시작했다. 쓰다 보면 문득 지나간 순간들이 불쑥불쑥 떠올랐다. 그리운 얼굴, 아픈 사건, 고된 하루의 감정들이 글 속으로 스며들었다.

그렇게 기록하며 나는 내 삶의 무게를 감당할 수 있었다. 쓰는 동안엔 고통도 추억도 모두 내 편이었다.

그렇게 쓴 글들이 쌓여 어느 날 책이 되어 누군가에게 읽히게 되었고, 또 누군가에겐 위로가 되었다. 나는 그때 처음 알았다. 포기하지 않고 계속 써온 기록이 누군가에게 작은 힘이 될 수 있다는 사실을.

작지만 성실한 실천은 반드시 누군가의 마음에 닿는다.

그 사실은 내게 크나큰 희망이었다. 매일 쓰는 일기 한 줄이 결국 나를 작가로 만들었고, 지금 이 글을 쓰게 만들었다.

물론 도중에 흔들릴 때도 많았다. 때로는 "이걸 왜 하고 있나?"라는 생각도 들었다. 하지만 매번 그 물음 끝에 나는 이렇게 답했다.

"포기하지 않으면, 언젠가는 이 길 끝에서 무엇인가 만나게 될 거야."

그 믿음 하나로 버텨왔다. 그리고 그 믿음은 늘 옳았다. 하루하루를 일기장 속에 꾹꾹 눌러 담은 나날들이 결국 나를 변화시켰다.

나는 독자 여러분이나 후배 경찰관들에게 지금 당장 큰 목표를 세우지 않아도 된다는 말을 하고 싶다. 중요한 건, 매일 무엇이든 꾸준히 해보는 것이다. 글이 아니어도 좋다. 그림을 그려도 좋고, 운동을 해도 좋고, 심지어 식물에게 말을 걸어도 좋다.

다만, 포기하지 말고 하루하루 쌓아가야 한다.

그 쌓임은 결국 삶의 방향을 바꿀 힘이 된다.

일기 쓰기는 '지속'이라는 힘을 키운다. 나는 매일 한 문장씩 쓰는 습관이 내 삶을 바꾸고 있다는 걸 체감하고 있다. 그 습관은 단순히 기록을 넘어서, 나 자신과의 약속을 지켜나가는 과정이기도 하다. 어떤 날은 두 줄도 버겁고, 어떤 날은 열 장도 모자라지만, 중요한 건 그날의 나를 놓치지 않고 써 내려가는 것이다.

포기하지 않으면, 누구나 무엇이든 정말 할 수 있다.

그건 거창한 문장이나 대단한 성취가 아니라, 오늘 하루를 성실히 살아내는 것으로 충분하다. 일기 한 줄, 그게 누군가에겐 아무 의미 없을지 몰라도, 나에겐 삶의 방향을 비춰주는 등불이었다.

지금, 이 글을 읽고 있는 그대에게 말하고 싶다.

혹시 무언가를 시작했다가 포기한 적이 있는가? 그럼 다시 오늘부터 시작해 보자. 하루 한 줄이라도 좋다.

어제보다 조금 더 나아졌다면, 그것이 바로 성공이다. 일기는 그대의 인내와 성장을 기록하는 증거가 될 것이다.

그리고 언젠가, 그대도 알게 될 것이다.

포기하지 않았기에 결국 해냈다는 사실을.

제4장

꿈을 이루는 길, 일기 쓰기

어제보다 나은 오늘의 나를 위해
삶의 질을 높이는 일기 쓰기
일기를 쓰면 달라지는 것들
포기하지 않으면 결국 해낼 수 있다
일기 쓰기로 시작되는 좋은 습관
매일 글을 쓴다면 그 사람이 작가다
매일 읽고 쓰는 삶의 기쁨
습관의 힘과 건강

어제보다 나은 오늘의 나를 위해

현장 근무가 더 익숙한 내 인생은 늘 긴장과 사건 사이를 오갔다. 누군가는 그것을 '의무'라 했고, 누군가는 '사명'이라 불렀지만, 정작 나는 늘 묵묵히 그 현장에서 하루하루를 살아냈다.

그러다 어느 날 문득 깨달았다. 남의 문제를 해결하느라 정작 나 자신은 내 삶을 돌아볼 겨를이 없었다는 것을.

공직에서 퇴직한 후, 조용한 새벽에 눈을 뜨고 나서야 진짜 내 인생이 시작되었다는 생각이 들었다. 처음엔 허전했다. 제복을 벗고 나니 마치 껍질이 벗겨진 것처럼 나 자신이 낯설기만 했다.

하지만 그 공허함은 곧 기회가 되었다.

오랜 시간 곁에 두었던 노트 한 권을 꺼냈고, 나는 거기에 나를 써 내려가기 시작했다. 글을 쓴다는 것은 생각보다 훨씬 더 속 깊은 작업이었다. 감정을 정리하고, 지나간 시간을 되짚고, 때론 용서하지 못했던 나를 마주하는 일이기도 했다.

　일기장 앞에서 나는 솔직해졌다.

　경찰관으로서의 책임감, 사회적 시선, 가족의 기대 같은 것들을 모두 내려놓고, 처음으로 나 자신에게 묻기 시작했다.

　"넌 어떤 삶을 살고 싶었니?"

　그 질문은 오랫동안 잠들어 있던 내 마음의 뿌리를 흔들어 깨웠다. 어제의 나보다 조금 더 나은 오늘의 내가 되고 싶은 간절한 바람이 마음속에서 차오르기 시작했다.

　하루하루를 쓰면서 알게 됐다. 변화는 거창한 결심에서 오는 것이 아니라, 아주 작은 실천에서 시작된다는 사실을. 나에게 그 시작은 '일기 쓰기'였다. 매일 일기를 쓰는 습관은 마치 마음의 정원에 물을 주는 일과 같았다. 처음에는 잘 자라지 않던 감정의 줄기들이, 글을 통해 자라고 있었다. 조용히, 그러나 분명하게.

　나는 이제 목표를 세울 때 '남보다 잘해야 한다.'라는 생각 대신, '어제보다 나아지자.'라는 말을 되뇐다.

　글을 쓰며 내가 자주 적는 말이 있다.

　"오늘도 잘했다."

　비록 하루가 별일 없더라도, 지치지 않고 살아낸 것만으로도 우리는 스스로 자기 자신을 칭찬해 줘야 한다. 그리고 어제보다 단 한 걸음이라도 앞으로 나아갔다면, 그것은 분명 값진 성취다.

　나는 이 글을 읽는 누군가에게 그대의 하루도, 그 자체로 충분히 소중하다는 말을 전하고 싶다. 우리가 겪는 사소한 감정과 흔한 일상들도 일기로 기록될 때, 특별한 이야기가 된다.

오늘의 피로, 오늘의 고민, 오늘의 작은 기쁨도 시간이 흐르면 모두 소중한 인생의 재료가 된다.

이제 나는 '어제보다 나은 오늘의 나'를 향해, 오늘도 한 줄의 글을 쓴다. 미래를 향한 불안보다는, 지금 이 순간을 충실히 살아내는 것이야말로 내가 바라는 삶이다. 그렇게 오늘 하루를 충실히 써 내려가며, 나는 다시 한번 다짐한다.

'어제보다 나은 오늘의 나를 위해, 오늘도 나는 나를 쓰겠다.'

그것은 '오늘보다 나은 내일의 나를 위한' 일이기도 하리라.

삶의 질을 높이는 일기 쓰기

 삶의 질을 높이는 데 있어 꼭 거창하고 특별한 무언가가 꼭 필요한 것은 아니다. 오히려 우리가 매일 반복하는 아주 작은 습관 하나가 삶 전체를 바꾸기도 한다. 나에게 그 습관은 바로 '일기 쓰기'였다.
 바쁘고 고단한 하루 속에서도 일기를 쓰는 그 짧은 시간은 마치 내 삶에 쉼표를 찍는 듯한 시간이 되었고, 그 과정에서 나는 삶의 질이 서서히 달라지고 있음을 느낄 수 있었다.
 현장에서는 거의 매일 크고 작은 사건 사고와 마주하며 정신없이 하루를 보내곤 했다. 특히 야간 근무가 있는 날이면 감정의 진폭은 더 컸다. 사람들의 분노, 슬픔, 억울함이 고스란히 전해졌고, 그것을 받아내야 하는 나 또한 종종 지쳐갔다. 그런데도 퇴근 후나 근무 교대를 마친 짧은 틈 사이에 일기를 쓰면 신기하게도 복잡했던 감정들이 정리되고 마음이 한결 가벼워졌다.

일기는 내 하루를 비추는 거울이었다.

나 자신이 어떤 상황에 어떻게 반응했는지, 무엇에 분노하고 무엇에 감동했는지 꼬박꼬박 써 내려가다 보면, 내 안의 기준과 감정의 흐름을 자연스레 들여다보게 되었다. 이를 통해 나는 나 자신을 조금씩 이해하게 되었고, 감정에 휘둘리기보다는 감정을 조율해 나갈 힘을 기를 수 있었다.

삶의 질은 결국 자기 자신과의 관계에서 비롯된다.

우리는 다른 사람과의 관계에는 많은 관심을 쏟지만, 정작 스스로와의 관계에는 무심한 경우가 많다. 나를 돌보고 위로하며 격려하는 시간은 삶을 더욱 단단하게 만든다. 일기를 쓰는 것은 바로 그 시간을 의도적으로 마련하는 일이다.

일기를 쓰기 시작하면서 달라진 또 하나는 변화는 '기억의 질'이었다. 그냥 지나쳤을 장면들이 일기를 통해 되살아났고, 그 장면에 담긴 의미와 감정을 더 깊이 있게 기억하게 되었다. 어떤 날은 시민이 건넨 짧은 인사가, 어떤 날은 동료의 격려가, 그날의 일기에서 반짝이는 문장으로 살아났다. 그 글들은 나를 위로했고, 다시 내일을 살아갈 힘이 되어주었다.

삶의 질을 높인다는 것은 더 많은 돈을 벌거나 멋진 곳으로 여행을 가는 것만이 아니다. 오히려 일상의 순간을 더 풍성하게, 더 의미 있게 만드는 것이 진정한 변화일 수 있다. 나에게 일기는 그런 변화를 가능하게 해준 도구였다. 글 한 줄, 문장 하나 속에 담긴 나의 하루는 더 이상 무의미하게 흘러가는 시간이 아니었다.

나는 독자 여러분에게 권하고 싶다.

하루의 끝 무렵 단 몇 분이라도 좋으니, 자신만의 언어로 하루를 정리해 보라고. 처음에는 어색하고 쓸 말이 없을지 모른다.

하지만 조금씩 익숙해지면, 하루의 감정과 생각들이 글을 통해 자연스럽게 흘러나오고, 그 글들이 곧 자신의 삶을 지탱해 주는 기둥이 되어줄 것이다.

일기 쓰기는 단순한 기록이 아니다.

그것은 나를 사랑하는 방식이며, 내가 나를 존중하는 태도이고, 궁극적으로 삶의 질을 한 단계 높이는 실천이다. 매일 쓴다는 작은 습관 하나가 이렇게나 큰 영향을 줄 줄은 나도 몰랐다. 그런 습관으로 살아본 지금은 안다. 일기를 쓰는 그 시간이 쌓여, 결국 내 인생을 바꾸고 있다는 것을.

오늘도 나는 일기장을 펴고, 나에게 묻는다.

"오늘 하루는 어땠니?"

그리고 그 대답을 따라 내일을 준비한다.

그 반복이, 바로 내 삶의 질을 결정하는 가장 중요한 시간이다.

일기를 쓰면 달라지는 것들

사람은 누구나 삶에서 변화의 갈림길에 서게 마련이다.

그 갈림길에서 어떤 방향을 택하느냐에 따라 우리의 미래는 전혀 달라진다. 그 갈림길에서 나에게 등불이 되어준 존재는 바로 일기(日記)였다.

일기를 쓰기 시작하면서 삶을 바라보는 시선, 느끼는 감정, 그리고 선택의 방식까지도 달라졌다.

단순한 기록을 넘어, 나를 돌아보고 다듬는 '일기 쓰기'는 그렇게 조용히, 그러나 분명히 나를 바꾸고 있었다.

나는 경찰의 일선 현장에서 다양한 사건과 사람들을 맞닥뜨렸다. 거짓말을 하는 사람, 억울함을 토로하는 사람, 분노를 이기지 못하는 사람... 그런 모습들을 접할 때마다 마음 한편이 뒤숭숭해졌고, 때로는 나 자신이 흔들리기도 했다.

그럴 때면 나는 일기장을 펴서 그날의 상황과 내 감정을 정리하곤 했다. 나 자신조차 몰랐던 마음속의 미묘한 파장들이 글을 쓰는 동안 차분히 가라앉았다.

어떤 날은 지구대 책상 한쪽에서, 어떤 날은 피곤한 몸을 이끌고 퇴근 후 조용한 방 안에서 일기를 썼다. 일기는 늘 내 곁에 있었고, 그날의 나를 이해하고 위로하는 친구가 되어주었다.

일기와 마주하면 예민했던 감정이 부드러워졌고, 격해졌던 생각은 가라앉았다. 글을 쓰는 동안, 나는 비로소 내 감정을 안전하게 풀어낼 수 있었고, 세상을 보다 담담한 시선으로 바라볼 수 있게 되었다.

일기를 쓰기 전만 해도 일이 끝나면 잊으려고만 했다.

감정을 억누르고, 쓴웃음을 지으며 넘기려 했다. 그러나 그 감정들은 사라지지 않고 쌓여갔고, 언젠가는 무겁게 나를 짓눌렀다.

일기를 쓰면서부터는 감정을 억지로 밀어내지 않게 되었다. 오히려 있는 그대로 나를 마주하고, 그 속에서 진짜 내 마음을 들여다볼 수 있었다.

한 번은 후배 경찰이 내게 물었다.

"선배님은 어떻게 그리 침착하십니까?"

나는 웃으며 대답했다.

"매일 일기를 쓰거든."

그러자 그는 고개를 끄덕이며 말했다.

"그게 힘이었군요."

그렇다. 글쓰기는 마음을 단련시키는 훈련이었고, 일기는 그 훈련을 매일 같이 반복하는 도구였다.

일기를 통해 나는 자주 스스로 질문을 던졌다.

오늘의 나는 어떤 사람인가?

나는 어떤 가치를 지키며 살고 있는가?

매일 같은 질문을 던지고, 같은 대답을 찾는 것 같지만, 그 대답 속에는 하루하루 조금씩 변화해 가는 내가 있었다.

그 변화가 모여 지금의 나를 만들었다.

나는 일기를 쓰는 사람으로서, 기록을 통해 삶이 달라질 수 있다는 사실을 누구보다 잘 알고 있다. 그것은 단순한 습관이 아니라 자기를 바꾸는 삶의 태도이며, 자기를 사랑하는 방식이고, 더 나은 내가 되기 위한 가장 확실한 실천이었다. 하루하루 일기를 통해 쌓아 올린 나의 삶은 이전보다 훨씬 단단하고 넉넉해졌다.

나이와 관계없이 지금이라도 일기는 써보길 바란다.

오늘 있었던 일을 짧게라도 적어보라.

기뻤던 일, 속상했던 일, 고마웠던 순간들. 그 모든 일들이 글이 되어 그대를 위로하고 성장시킬 것이다.

그렇게 일기는 우리의 삶을 조용히, 그러나 분명히 바꿔놓는다.

나처럼, 그대도 달라질 수 있다.

포기하지 않으면 결국 해낼 수 있다

누구나 한 번쯤 삶에서 포기하고 싶은 순간을 맞이한다. 너무 힘들어서, 너무 외로워서, 더는 버틸 힘이 없을 것 같아서... 나 또한 그런 날들이 있었다.

하지만 시간이 지나고 나면 알게 된다. 그때 포기하지 않았기에 지금의 내가 있다는 것을.

나의 기분이나 행복지수와 상관없이 반복되는 사건과 사람들 속에서 지치고 흔들렸다.

어떤 날은 무기력했고, 어떤 날은 이 일이 과연 내 길이 맞는지 자문하기도 했다. 그럼에도 매일 아침 제복을 입고 출근했으며, 누군가의 고통을 듣고 보고서를 작성했다.

때로는 순찰차를 타고 현장을 누볐다. 힘든 일상에서도 그 시간을 통과하며, 나는 점점 단단해지고 있었다.

글쓰기도 마찬가지의 원리였다.

처음 일기를 쓰기 시작했을 때는, 몇 줄 적기도 버거운 날들이 많았다. 무슨 말을 써야 할지 몰라 멍하니 펜을 들고만 있었던 적도 있다. 하지만 매일 한 줄이라도 쓰겠다는 다짐 하나로, 나는 그 시간을 지켜냈다. 그렇게 쌓인 글들이 이제는 나의 이야기가 되었고, 내가 경험한 이야기가 책이 되어 누군가의 마음을 두드리고 있다.

솔직히 어떤 날은 경찰서에서 돌아와 너무 지쳐 손끝조차 움직이기 힘들었지만, 그럴 때일수록 더욱 펜을 들었다.

글을 쓰는 것이 나를 다잡는 방식이었고, 무너지지 않도록 버티는 힘이었기 때문이다. 단 한 줄이라도 쓰고 자리에 누우면, 그 하루는 비로소 정리된 기분이 들었다.

내가 꾸준히 써온 일기는 단지 기억의 저장소가 아니었다. 그것은 작지만 단단한 믿음을 키우는 내 안의 기사회생 도구였다.

'나는 할 수 있다.'

'오늘도 잘 견뎠다.'

'내일은 더 나아질 것이다.'

이런 말과 다짐을 자신에게 반복하며, 나는 매일 한 발씩 앞으로 나아갔다.

포기하지 않는다는 것은 거창한 각오나 특별한 성과를 의미하지 않는다. 오히려 아무도 보지 않는 곳에서 묵묵히 버티는 것이다. 일기를 쓰는 습관도 마찬가지다.

특별한 재능이 필요하지 않다. 단지 매일 마주 앉아 자기 자신과 대화를 나누는 일. 그 일의 반복이 삶을 바꾼다.

제복을 입고 크고 작은 현장을 다니며 깨달은 것이 있다.

무너질 듯한 순간에도 삶은 계속된다는 것, 그리고 그 삶을 이끌어가는 건 결국 포기하지 않는 마음이라는 사실이다.

누군가는 슬픔의 한가운데서도 웃었고, 누군가는 실패 속에서도 다시 시작했다.

그들이 가진 공통점은 단 하나, '포기하지 않았다.'라는 것이다.

내게도 여러 번의 좌절이 있었다.

공모전에 낙선하여, 나 자신이 한 없이 약해 보이던 순간들도 많았다, 하지만 나는 일기를 쓰며 나를 다독였고, 그 글들을 모아 다시 한 걸음을 내디뎠다.

그렇게 버틴 시간이 결국은 나를 지금의 나로 만들었다.

글을 쓰는 일은 때때로 나 자신을 일으켜 세우는 마지막 끈이 되었다. 누군가에게 보여주기 위한 글이 아니라, 그저 오늘 하루를 버텨낸 나를 스스로 인정하기 위한 글. 그것이 일기였다. 종종 지난 글들을 다시 읽으면, 지치고 포기하고 싶었던 나날들이 얼마나 귀한 시간이었는지 새삼 깨닫게 된다.

나는 이 책을 읽는 독자 여러분에게 말하고 싶다.

어떤 상황에 놓여 있든 포기하지 말라고. 아무리 작은 일이라도 꾸준히 이어가면 반드시 변화가 찾아온다고. 일기를 쓰는 것처럼 작고 사소한 일도 매일 계속하면 놀라운 힘이 된다. 포기하지 않는 삶은 반드시 무언가를 이루게 되어 있다.

오늘도 나는 일기를 쓴다.

그것은 내 삶의 기록이자 다짐이고, 또 한 번의 출발이다. 이 글을 읽는 그대도 그 다짐을 이어가길 바란다.

어제와 다를 바 없는 하루라도, 그 하루를 포기하지 않고 살아낸 그대는 이미 충분히 해내고 있는 셈이다.

그러니 계속 써보자.

일기를, 다짐을, 그리고 희망을.

일기 쓰기로 시작되는 좋은 습관

사람은 누구나 저마다의 습관으로 살아간다.

아침에 눈을 뜨면 자연스레 손이 가는 행동, 잠들기 전 마지막으로 하는 생각, 특별한 일이 없어도 늘 반복되는 일상 속의 행위들. 이러한 반복이 쌓여 결국 삶의 형태를 만든다. 나는 그 사실을 오십 대 중반이 되어서야 또렷하게 깨달았다. 그리고 그 깨달음의 중심에는 '일기 쓰기'라는 습관이 자리 잡고 있었다.

출근하면 하루가 어떻게 지나갔는지도 모를 정도로 바빴다. 사건 사고는 늘 예고 없이 터졌고, 근무 일정은 들쑥날쑥했다. 육체적 피로는 물론이고, 감정적으로도 지칠 수밖에 없는 나날의 연속이었다.

그 무렵 나는, 나를 지키는 단 하나의 방법으로 일기를 선택했다. 잠들기 전, 짧은 문장이라도 적기 시작했다.

처음엔 그저 습관처럼, 어느 날은 의무감으로, 또 어떤 날은 마음을 풀어낼 곳이 없어 적어 내렸다.

  그런데 놀랍게도 그 일기장이 나를 조금씩 바꾸기 시작했다. 처음엔 무심코 흘려보낸 하루의 기록이었지만, 점점 하루를 되돌아보게 되었고, 내가 어떤 감정을 품었는지, 무엇에 기뻐하고 무엇에 분노했는지 알게 되었다. 이렇게 내 감정을 점검하는 습관이 생기자, 삶을 짓누르던 무게도 조금은 가벼워졌다.

  습관은 작고 반복적인 행동에서 비롯된다.

  하루 한 줄이라도 기록하는 것이 중요했다. 그 한 줄 한 줄이 모여 한 페이지가 되었고, 한 권의 노트가 채워졌다. 그리고 결국 한 권의 책이 되었다. 흔히들 "작심삼일로 끝났다."라고 말한다. 하지만 나는 작심삼일(作心三日)도 백 번 반복하면 결국 300일이 된다고 믿는다. 그 힘이 바로 습관의 힘이고, 일기의 힘이다.

  글을 쓰는 것이 거창한 일이 아닐 수도 있다.

  어쩌면 처음엔 잘 쓰려고 애쓰지 않아도 된다. 중요한 건 꾸준히 쓰는 일이다. 오늘 아침 기분이 어땠는지, 커피를 마시며 떠오른 생각이 무엇이었는지, 이런 소소한 것들이 쌓여 삶의 풍경을 만들어 낸다.

  어느 날 문득 예전의 일기를 펼쳐 보면, 그날의 기분, 냄새, 온도까지 생생하게 떠오르는 경험을 하게 된다. 그것이 바로 기록의 힘이다.

  습관이란, 나를 지탱해 주는 뿌리와도 같다.

  바람에 흔들리는 나무라도 뿌리가 깊으면 쓰러지지 않는 법이다. 나의 일기 쓰기 습관도 그런 뿌리였다. 특히 퇴직 후 새로운 삶의 전환점을 맞이했을 때, 이 습관은 내게 큰 힘이 되었다.

  계획 없이 퇴직을 맞았다면 이후의 삶은 막막했을 터이다. 하시만 나는 매일 아침 일기장 앞에 앉아 하루를 계획했고, 그것은 다시 삶의 활력을 되찾는 방법이 되었다.

좋은 습관은 저절로 만들어지지 않는다.

반복과 인내가 필요하다. 때로는 귀찮고, 때로는 무의미하게 느껴질 수도 있다. 하지만 그 과정을 견디면 습관은 나를 배신하지 않는다. 오히려 삶의 위기 앞에서 가장 먼저 나를 붙잡아주는 손이 되어 준다. 나에게는 그 손이 바로 일기였다.

나는 지금도 하루를 시작하며 일기를 쓴다.

감사한 일, 걱정되는 일, 다짐하는 마음을 적는다. 그리고 밤이 되면 다시 하루를 돌아보며, 나를 다독이고, 내일을 준비한다. 이 습관은 나를 더욱 단단하고 따뜻한 사람으로 만들어 주고 있다. 누구나 하루 10분이나 20분, 일기장 앞에 앉을 수 있다면, 인생은 생각보다 훨씬 더 긍정적으로 바뀔 수 있다.

좋은 습관은 그렇게 만들어진다.

아주 작은 실천에서, 아무도 보지 않는 자리에서. 나는 오늘도 그 조용한 자리에서 내일의 나를 준비한다. 일기장은 여전히 그 자리에 있고, 나는 그곳에서 나를 다시 다듬고 있다.

매일 글을 쓴다면 그 사람이 작가다

나는 퇴직 후, 매일 글을 쓴다. 처음에는 단순한 일기였다. 하루를 정리하고, 마음을 다스리기 위한 글쓰기였다. 그런데 그 글들이 쌓이면서 문득 이런 생각이 들었다.

'이렇게 매일 쓰다 보면 나도 작가가 되는 건 아닐까?'

처음엔 나 스스로 생각해 봐도 웃음이 났다. 하지만 매일 글을 쓰는 일상이 반복되면서 그 말이 점점 현실로 다가오기 시작했다.

현장을 누비며 일할 때는 하루하루가 사건이었다.

근무일지, 피해자 진술서, 사건 보고서, 피의자 검거 동행보고서 등 무수한 글을 쓰고 서류를 만들어야 했다. 하지만 그것은 '기록'이지 '글쓰기'는 아니었다. 정해진 양식에 맞춰, 형식적이고 기계적으로 작성하는 글들이었다.

진짜 나의 말로 쓰는 글, 내 감정과 생각을 담은 문장은 그때의 글이나 문서 작성과 전혀 다른 것이었다. 퇴직 후 처음 일기장을 펼쳤을 때, 나는 처음으로 진짜 글을 쓰기 시작했던 것 같다.

처음엔 내 글을 쓰기가 어렵고 막막했다.

무엇을 써야 할지 몰라 멍하니 앉아 있던 날도 있었다. 하지만 곧 깨달았다. 글감은 멀리 있지 않다는 사실을. 매일 걷는 모랫길이나 황톳길 위에서 마주친 아침 햇살, 운동 후 마시는 시원한 물 한 모금, 그리고 문득 떠오른 지난날의 후회와 웃음. 이런 일상의 순간들이 글감이 되었다.

나는 대학노트에 일기를 쓰듯 글을 적어 내려갔다.

하루에 꼭 몇 줄이라도 쓰는 것을 목표로 삼았다. 처음엔 어색했지만, 시간이 지나면서 손에 익었고, 내 글에도 점점 온기가 더해졌다. 그러던 어느 날, 나는 내 글을 블로그에 올리기 시작했다.

누군가 내 글을 읽고 공감해 주는 사람이 있다는 사실만으로도 큰 위안이 되었다.

댓글 하나, 공감 하나에 힘을 얻고, 더 정성스럽게 쓰게 되었다. 그 반응들이 내 글쓰기의 원동력이 되었고, 어느새 블로그 구독자도 늘어나기 시작했다. 정제된 글을 써보자는 생각에, 책과 글쓰기 강의를 찾아 듣기도 했다.

사이토 다카시의 『원고지 10장을 쓰는 힘』, 한비야의 『그건, 사랑이었네』 같은 에세이를 읽으며, 글쓰기에 대한 시야를 넓혀갔다.

가끔은 글이 써지지 않아 고통스럽기도 했다. 한비야 작가가 말했듯, 머리를 쿵쿵 책상에 박으며 자학하고 싶은 날도 있었다.

하지만 그런 시간을 견디고 나면 어느새 또 하나의 글이 완성되어 있었다. 그리고 그 글을 다시 읽으며, '그래도 써서 다행이다.'라고 생각하게 되었다.

어느 날, 경찰 후배가 내가 쓴 글을 읽고 연락을 해왔다.

"형, 나도 글을 써보고 싶어졌어."

그 말이 그렇게 반가울 수 없었다. 경찰로 일하면서 겪었던 수많은 감정과 이야기들이 글로 남겨진다면, 그 또한 누군가에게 큰 울림이 될 수 있을 것이다. 나는 그에게 힘주어 말했다.

"매일 조금씩 써봐. 하루 한 줄이라도 좋아. 매일 써나가면, 너도 분명 작가가 될 수 있어."

지금 나는 책을 준비하고 있다.

하루하루 쌓아 올린 글이 이제는 한 권의 책이 되려 한다. 그 길이 멀고도 험했지만, 결국 '매일 쓰는 힘'이 나를 여기까지 데려다주었다. 매일 글을 쓴다면, 여러분도 작가다. 출판 여부 따위는 중요하지 않다. 내 글을 통해 내 삶을 이해하고, 타인과 연결될 수 있다면, 그 자체로 이미 글은 충분히 빛나고 있는 셈이다.

글쓰기는 어렵고 힘들게 여기는 거창한 기술이 아니다.

하루하루 마음을 다듬는 습관이며, 나 자신을 들여다보는 일이다. 그대도 오늘, 한 줄의 글로 하루를 마무리해 보라. 그것이 쌓이면 언젠가 그대도 자기 자신에게 힘찬 목소리로 말하게 될 것이다.

"나도 글을 쓰는 사람이다."라고.

매일 읽고 쓰는 삶의 기쁨

내 삶의 중심에는 '글쓰기'와 '읽기'가 있다.

그것은 거창한 철학서나 유명 작가의 소설을 읽는 것만을 말하는 것이 아니다. 매일 아침, 노트 한 권을 펴고 전날의 일기를 다시 읽고, 그 위에 오늘의 감정을 써 내려가는 행위 자체가 바로 나에게는 읽기이자 쓰기이다.

이 두 가지는 내 삶을 단단하게 지탱해 주는 쌍두마차와 같다.

퇴직 후 처음에는 혼란스러웠다. 하루의 시간은 갑자기 길어졌고, 내가 해야 할 일이 무엇인지 막막했다.

하지만 매일 일기를 쓰면서 삶은 조금씩 리듬을 찾아갔다. 전날 쓴 글을 다시 읽는 것으로 하루를 시작하고, 오늘 쓸 이야기를 상상하는 것으로 하루를 준비했다. 그 반복은 나의 일상에 리듬을 만들어 주었고, 생각과 감정을 정리할 힘을 길러주었다.

읽기는 과거의 나와 대화를 나누는 일이다.

어제의 고민, 한 달 전의 다짐, 작년의 슬픔이 내가 썼던 글 속에 고스란히 남아 있다. 어떤 날은 "아, 내가 이런 생각을 했었구나." 하며 피식 웃고, 또 어떤 날은 그때와 같은 고민을 반복하고 있는 나를 보며 뒷덜미를 잡기도 한다.

일기 속의 나는 늘 진심으로 이야기하고 솔직했기에, 그를 마주하는 것은 나를 제대로 들여다보는 일이기도 하다.

쓰기는 오늘의 나를 정리하는 일이다.

아침 산책길에서 들은 새소리와 물소리, 우연히 마주친 노인의 인사, 문득 떠오른 어린 시절의 기억. 이런 모든 일은 내 글감이 되었고, 그 글은 나를 위로하고 다독이는 힘이 되었다. 매일 쓰다 보니, 글쓰기 실력도 늘었고 표현도 더 풍부해졌다. 하지만 무엇보다 중요한 것은, 나 자신을 더 이해하고 사랑하게 되었다는 사실이다.

나는 일기장 한쪽 귀퉁이에 이런 문장을 종종 적어둔다.

"오늘 읽은 책에서 마음에 남는 문장을 베껴 적어보자."

책에서 건진 한 문장은 나에게 하루의 방향을 제시해 주기도 했다. '삶을 성실하게 산다는 것'의 의미를 다시 묻게도 했다. 이런 작은 기록마저도 나의 삶을 풍요롭게 해주었다.

읽기와 쓰기의 기쁨은, 그것이 일상에서 반복될수록 더 커진다. 꼭 특별한 계기가 아니어도 된다.

비 오는 날의 적막함, 햇살 가득한 오후의 여유, 그 어떤 순간도 읽고 쓸 수 있다면 삶은 언제나 감동으로 채워진다.

글은 나의 삶을 설명하고, 나의 삶은 다시 글이 된다.

내가 누군가에게 글쓰기를 권한다면, 먼저 이렇게 말하고 싶다.

"읽어보세요. 당신이 쓴 어제의 일기를."

그 안에는 분명 지금의 삶을 더 잘 살아내기 위한 힌트가 숨어 있을 것이다. 그리고 그 일기를 읽고 나면, 아마 다시 펜을 들고 싶어질 것이다.

하루를 살아낸 나를 돌아보고, 내일을 준비하는 데 있어 글쓰기만큼 좋은 도구는 없다. 그리고 그 힘은, 매일 쓰고 읽는 습관에서 나온다. 나는 그 기쁨을 이제 알게 되었다. 그대도 느껴보길 바란다. 글로 삶을 바라보는 즐거움, 매일의 기록이 선사하는 감동. 그것은 결코 하찮은 기쁨이 아니다.

습관의 힘과 건강

　퇴직 후 삶의 방향을 고민하던 시기에, 나는 '건강'이라는 두 글자를 매일 마음에 새기기 시작했다. 젊은 시절에는 건강이란 단어가 어쩐지 멀게 느껴졌다. 병원은 특별한 일이 있을 때만 가는 곳이고, 아픈 사람은 나와 거리가 먼 이야기라고 생각했다.
　하지만 예순 지나 일흔을 바라보는 시점에서 건강은 더 이상 남의 일이 아니었다. 하루라도 운동을 거르면 몸이 무겁고, 잠시만 글쓰기를 쉬어도 마음이 어지러웠다.
　나는 거의 매일 새벽 4시 반에 일어난다.
　몸에 익은 습관 덕에 알람 없이도 눈이 떠진다. 일어나자마자 스트레칭하고, 모랫길과 황톳길을 맨발로 걷는다. 시청에서 조성한 산책로에는 황톳길, 모랫길, 자갈길이 자연스럽게 이어져 있다.
　나무 사이로 아침 햇살이 스며들고, 새들이 지저귀는 그 풍경 속에서 나는 하루의 리듬을 만든다. 맨발로 걷는 이 운동은 단순한 건강 유지 이상의 의미가 있다. 몸과 마음을 동시에 정돈하는 시간, 내 안의 고요함을 듣는 시간이다.

운동 후에는 따뜻한 물 한 잔과 함께 노트를 펼친다. 그날 아침의 기분, 걷는 동안 들었던 자연의 소리, 떠오른 생각 하나를 적는다. 그리고 지난 일기를 다시 읽어본다. 어제의 내가 오늘의 나에게 건네는 메시지는 언제나 진솔하고, 때로는 따끔하게 다가온다. 반복되는 패턴 속에서 나는 나쁜 습관을 발견하고, 그 습관을 조금씩 고쳐나간다. 이것이 바로 일기 쓰기와 건강관리의 공통점이다. 꾸준히, 매일 반복해야만 효과를 본다는 것이다.

나는 건강을 단순히 질병이 없는 상태로 보지 않는다.

건강이란 내가 원하는 삶을 지속할 수 있는 에너지와 마음가짐이라고 믿는다. 그래서 몸이 아프기 전에, 마음이 지치기 전에 나는 매일의 루틴을 지키려 노력한다. 몸을 움직이고, 글을 쓰고, 일상을 돌아보는 행위들이 나를 지탱해 준다.

특히 운동과 글쓰기를 연결해 보면 그 효과는 놀랍다.

규칙적인 운동은 뇌의 활동을 활발하게 만들고, 집중력과 창의력을 높여준다. 운동 후에 쓰는 글은 더 맑고, 더 간결하며, 때로는 더 진실해진다. 또 땀을 흘린 후의 성찰은 책상 앞에서의 고민보다 더 깊고 명확하다.

나는 이런 경험을 통해 건강이 단지 신체적인 상태를 의미하는 것이 아님을 깨달았다. 그것은 삶 전체의 리듬을 조율하는 기초였다.

습관도 마찬가지다. 처음에는 어렵고 낯설지만, 반복되면 삶의 일부가 된다. 건강을 위한 걷기, 마음을 위한 글쓰기. 이 두 가지가 습관이 된 지금, 나는 하루하루가 더 분명하고 선명해졌다. '오늘 하루 잘 살았다.'라고 말할 수 있는 자신감도 생겼다.

누군가는 내게 묻는다.

"그렇게 매일 걷고, 글을 쓰면 무엇이 달라지나요?"

나는 대답한다.

"내 삶이 달라졌어요."

눈에 띄는 변화가 아니라, 매일매일 조금 더 성실하게, 나 자신을 조금 더 사랑하게 되는 변화가 생겼다고 말한다. 건강한 습관인 걷기와 글쓰기는 정말 큰 선물이다.

이 글을 읽는 그대에게도 권하고 싶다.

꼭 새벽이 아니어도 좋고, 꼭 긴 글이 아니어도 좋다. 하루 5분이나 10분이라도 자신만의 시간을 만들어 보라고. 걷거나, 쓰거나, 자신을 마주하는 습관을 만들어 보라고. 그 시간이 쌓이면, 그대의 삶도 조금씩 바뀔 것이다.

건강과 습관. 이 두 단어는 별개가 아니다. 그것은 서로를 북돋우며, 함께 우리를 더 좋은 방향으로 이끌어 준다.

오늘도 나는 그 힘을 믿고, 걷고, 쓰고, 살아간다.

시간을 만들어 가는 습관
나를 다듬는 두 가지 습관
삶을 바꾸는 습관, 일기의 힘
일기장 속에서 스트레스 풀다
글쓰기 강좌보다는 일기를 써라
세상을 담는 시사(時事) 일기
미래의 작가를 길러내는 습관

제5장

일기 쓰기,
7가지 실천 사항

시간을 만들어 가는 습관

"시간이 없어서 못 쓴다."

사람들이 글쓰기를 포기하는 이유 중 하나다. 하지만 시간이 없는 것이 아니라, 글쓰기를 우선순위에 두지 않았기 때문이다. 경찰관들도 대개는 바쁘다. 하루 24시간도 결코 넉넉한 게 아니다. 사건이 터지면 밤낮이 따로 없었고, 수사와 민원, 보고서 작성에 이어 회의까지, 숨 돌릴 틈도 없이 바쁘게 돌아간다.

그 와중에도 내가 가장 잘 지킨 일이라면 매일 일기를 썼다는 것이다. 물론 처음부터 잘 지킬 수 있었던 것은 아니다. 지친 몸을 이끌고 '습관적으로' 펜을 들기까지는 많은 결심과 훈련이 필요했다.

내가 일기를 쓰기 시작한 건, 업무 중 느낀 감정을 다스리기 위해서였다. 현장에 나가면 예상치 못한 상황들이 쏟아지고, 그때마다 마음은 복잡해졌다. 말로 꺼내기도 힘든 감정들을 어디에 풀어야 할지 몰라 일기장을 펼쳤다.

처음에는 그날 있었던 일만 기록했지만, 점점 내 생각과 감정, 후회와 다짐이 문장으로 이어졌다. 그렇게 매일 한 줄, 두 줄 써나가다 보니, 일기는 어느새 하루의 마침표가 되었다.

어떤 날은 단 5분만 써도 좋다고 생각했다.

중요한 건 '썼다.'라는 사실이었다. 그러다 보니 시간이 나면 좀 더 길게 쓸 수 있는 여유도 생겼다. 처음부터 완벽할 필요는 없다. 중요한 건 매일 쓰는 습관, 그 꾸준함이다. 글쓰기란 결국 반복을 통해 길러지는 습관이다.

그 하루하루의 기록은 나를 담아내는 거울이 되었고, 시간이 흐를수록 그 거울은 점점 더 나다운 얼굴을 비추기 시작했다.

사람들은 흔히 일기를 '시간이 있을 때 쓰는 것'이라 생각한다. 하지만 나는 반대로 '시간을 만들기 위해 일기를 쓴다.'라고 말하고 싶다.

하루 10분이라도 나를 위한 시간을 의식적으로 만들어 보면, 그 시간이 나머지 하루를 훨씬 더 알차게 만들어 준다는 사실을 깨닫게 된다. 마치 운동을 시작하면 생활 리듬이 정돈되듯, 일기를 쓰면 생각의 리듬이 정돈된다.

특히 퇴직 이후에는 시간을 어떻게 보내느냐가 인생의 질을 결정짓는다. 나는 매일 아침 일기를 쓰며 하루를 계획하고, 저녁에는 그날의 감정을 정리한다. 아침의 일기는 '오늘 하루를 어떻게 살 것인가?'에 대한 다짐이고, 저녁의 일기는 '오늘 하루를 어떻게 살았는가?'에 대한 성찰이다. 이 둘이 반복되면 삶의 흐름이 훨씬 또렷해진다.

일기 쓰기는 단순히 글을 남기는 일이 아니다.

그것은 나를 들여다보는 일이며, 나를 돌보는 방식이다. 바쁜 와중에도, 피곤한 하루 끝에도, 나는 그 시간을 포기하지 않았다. 일기를 쓰는 시간만큼은 온전히 나 자신에게 집중할 수 있는 시간이었다.

하루를 정리하고, 나를 돌아보며, 내일을 준비하는 시간.

일기를 쓰기 시작하고 나서야 알게 된 것들이 있다.

내가 어떤 순간에 마음이 흔들리는지, 무엇을 후회하는지, 어떤 상황에서 기뻐하는지…

이런 감정들을 기록하면서 내 감정을 이해하고 조율하는 능력도 생겼다. 일기는 단지 기록이 아닌, 감정의 조율 도구가 되었다.

누구라도 하루 5분이나 10분은 만들 수 있다.

스마트폰을 내려놓고, TV를 끄고, 잠시 조용한 공간에 앉아 펜을 들어보라. 오늘 하루 어떤 일이 있었는지, 그때 어떤 기분이었는지, 무엇을 느꼈는지 써보라. 처음엔 어색할 수도 있지만, 어느 순간 글쓰기는 그대의 하루를 정리해 주는 가장 소중한 시간이 될 것이다.

일기는 시간을 빼앗는 것이 아니라, 시간을 선물한다.

나는 일기 쓰기를 통해 더 나은 삶을 살고 있으며, 더 나은 내가 되어가고 있다고 믿는다. 그리고 그 믿음은 매일 펜을 들고 한 줄 한 줄 써 내려간 일기로 나의 발자국 위에 쌓여 있다.

그대도 그 여정을 시작해 보기 바란다. 일기를 통해, 그대의 시간이 더 풍요로워지길 진심으로 응원한다.

나를 다듬는 두 가지 습관

일기를 쓴다는 건 결국 자신을 돌아보는 일이다.

그리고 그 시작점에는 두 가지 습관이 자리 잡고 있다. 바로 '기록'과 '성찰'. 이 두 가지는 내가 경찰관으로 일하며 버텨왔던 힘이자, 지금의 나를 만든 뿌리였다.

하루의 끝, 지친 몸을 이끌고 적어 내려간 글자들 속엔 나의 고민과 갈등, 그리고 희망이 담겨 있었다. 처음부터 멋진 문장을 쓰려고 했던 건 아니다. 단지 오늘 있었던 일을 털어놓고, 내가 어떤 감정을 느꼈는지 기록하는 것만으로도 마음이 한결 가벼워졌다. 그것이 바로 일기의 힘이었다.

기록은 기억을 더 선명하게 만들어 주었다.

머릿속에 남아 있던 흐릿한 장면들이 글자로 남겨지면, 그 하루는 너 이상 사라지지 않는다. 나는 현장 근무 중에도 틈틈이 수첩을 꺼내 메모했다. 사건을 마치고 돌아오는 길, 동료와의 대화 중에 떠오른 생각들, 누군가에게 들은 말 한마디. 그런 작은 조각들이 모여 하나의 글이 되었고, 그 글들이 결국 나를 단단하게 만들었다.

성찰은 기록에서 출발한다.

단순히 지나간 일을 적는 것이 아니라, 그 속에서 나의 반응을 들여다보는 것이다.

"왜 그때 그렇게 말했을까?"

"그 상황에서 나는 무엇을 느꼈을까?"

이런 질문을 던지며 나 자신을 이해해 가는 과정이었다. 때로는 후회도 있었고, 가슴 아픈 기억도 있었다. 하지만 그 모든 감정이 글로 정리되면서, 나는 점점 더 깊고 성숙한 사람이 되어갔다.

퇴직 후에도 이 습관은 계속되고 있다.

아침에는 오늘의 목표를 적고, 저녁에는 하루를 정리한다. 계획과 실천 사이의 간극을 줄이는 가장 좋은 방법이기도 하다. 그리고 어느 순간부터, 나는 이 기록들이 나의 성장기를 담은 일기이자, 누군가에게 도움이 될 수 있는 이야기라는 걸 깨달았다. 그래서 이제는 내 일기를 조금 더 정성껏, 조금 더 진심을 담아 써 내려간다.

사람들은 흔히 "글을 잘 쓰고 싶다."라고 말한다.

하지만 나는 먼저 "자신을 잘 들여다보라."라는 말을 하고 싶다. 글은 마음에서 나오고, 그 마음은 일상에서 길러진다.

하루를 충실히 살고, 그 하루를 성실히 기록하는 사람이라면, 반드시 좋은 글을 쓸 수 있다.

내가 하루하루 써온 글들은 완벽하지 않다.

오히려 어설프고 투박하다. 하지만 그 글들 속엔 나의 진심이 있다. 나는 그 진심이야말로 글을 가장 깊고 아름답게 만드는 힘이라고 믿는다. 그리고 그 진심은 오직 기록과 성찰의 습관에서만 길러진다.

오늘도 나는 조용히 책상 앞에 앉아 펜을 든다.

글을 잘 쓰기 위해서가 아니라, 나를 다듬기 위해서.

그 시간이 쌓이면, 언젠가 내 안의 이야기가 누군가의 마음에 닿을 수 있기를 바란다.

그 시작은 언제나 나 자신을 향한 작은 질문 하나였다.

"나는 오늘, 어떤 마음으로 살았는가?"

이 물음에 솔직히 답할 수 있다면, 우리는 이미 좋은 글을 쓰고 있는 셈이다.

삶을 바꾸는 습관, 일기의 힘

"하루를 기록하는 것이 뭐 그리 대단한 일인가."

처음에는 그런 생각이었다. 하지만 지금 나는 단언할 수 있다. 일기는 삶을 바꾸는 도구이며, 일기 쓰기의 힘은 작지만 꾸준한 실천에서 시작된다는 사실을. 나는 그 사실을 퇴직 전부터 지금까지 매일의 일기를 통해 경험해 왔다.

사람들이 많이 모이는 강남에 근무하면서 수많은 사건과 사람들을 접했다. 그 중엔 내가 감당하기 벅찼던 일들도 있었다. 사람의 분노와 슬픔, 억울함과 절망, 그런 감정의 파편들이 모두 내 마음에도 상처를 남겼다.

그럴 때마다 나는 일기를 폈다. 사건을 요약하고, 그때 내가 느꼈던 감정을 솔직히 써 내려갔다. 처음엔 단순하게 메모하는 기록이었지만, 어느새 그것은 나를 지탱하는 버팀목이 되어 있었다.

하루의 끝에서 "오늘 무엇을 느꼈는가?", "어떤 상황에서 마음이 흔들렸는가?"를 자문하면서, 나는 내면을 깊이 들여다보게 되었다.

그런 과정이 쌓이니, 감정은 정리되었고 생각은 명확해졌다. 무엇보다 중요한 사실은 내가 그날을 어떻게 살았는지 복기(復棋)하며 삶의 방향을 스스로 점검할 수 있었다는 점이다.

퇴직(退職) 후에도 이 습관은 더욱 깊어졌다.

경찰이라는 신분에서 벗어나 자기 자신을 스스로 통제해야 할 시간이 많아졌기 때문이다. 이 시기야말로 일기가 가장 빛을 발하는 순간이었다. 매일의 일기는 내게 질서와 루틴을 만들어 주었고, 흐트러지지 않도록 중심을 잡아주었다.

특히 '감정 일기'를 쓰는 날이 많았다.

누군가와의 갈등, 내 안의 두려움이나 불안, 기대와 설렘까지, 모든 감정을 있는 그대로 적었다.

종이 위에서 감정을 직면하고 나면, 신기하게도 마음이 정리되고, 객관적인 시선으로 나를 돌아볼 수 있었다.

글은 결국 '자기 이해의 언어'이다.

나를 잘 아는 사람이 결국 남의 마음도 잘 헤아릴 수 있다. 나는 일기 쓰기를 통해 나를 이해하고, 그러다 보니 타인의 감정도 전보다 잘 보이기 시작했다. 이런 변화는 인간관계에서도 긍정적인 영향을 주었다. 가족과의 대화, 친구와의 관계, 낯선 사람과의 소통에서도 내 말과 행동이 조심스러워지고 따뜻해졌다.

나는 퇴직한 후 일기 속의 문장들을 모아 책을 쓰기 시작했다. 처음엔 그저 내가 남긴 기록들을 정리하는 일이었지만, 하나하나의 문장을 다시 읽고 곱씹으며 놀랐다. 글 속에 담긴 내 생각과 감정, 그리고 내가 바랐던 삶의 방향들이 명확하게 보였기 때문이다.

내 안의 이야기들은 호락호락하지 않았고, 오히려 더 사람들과 나누고 싶은 마음이 더해졌다.

그래서 지금도 나는 일기를 쓴다.

어제보다 나은 오늘을 살기 위해, 그리고 오늘보다 더 단단한 내일을 준비하기 위해. 일기는 단지 과거를 기록하는 수단이 아니라, 미래를 준비하는 힘이다. 삶을 향한 나의 태도, 매일매일 삶을 대하는 자세가 일기 안에 고스란히 담겨 있다.

일기 쓰기는 누구나 할 수 있는 가장 쉽고, 가장 강력한 자기 계발 도구다. 글이 엉성해도 괜찮다. 문장이 서툴러도 괜찮다. 중요한 건, 일기를 쓰는 그 시간 속에서 나를 만나는 일이다. 그 만남이 깊어질수록, 우리의 삶도 조금씩 바뀌어 갈 것이다.

지금, 이 글을 쓰는 오늘도 나는 일기를 쓴다.

내일도 또 일기를 쓸 것이다. 그렇게 매일 쓰며 나는 나의 삶을, 나의 글을, 그리고 나의 변화를 하나씩 완성해 나가고 있다.

일기장 속에서 스트레스 풀다

경찰관들이 가장 많이 듣는 말이 있다.
"스트레스가 많으시겠어요?"
실제로 현장에 나가 사람들의 분노와 슬픔, 억울함을 직접 마주하는 일은 감정적으로도, 육체적으로도 쉽지 않았다. 그런 날이면 나는 어김없이 일기장을 폈다. 말로는 쉽게 풀리지 않는 마음의 매듭을 글로 하나씩 풀어나가기 위해서였다.

하루 동안 겪은 일들, 사람들과의 대화, 누군가의 눈빛, 사건의 장면들. 그 모든 사실을 일기에 담았다. 때로는 화가 나서 펜을 세게 눌러쓰기도 했고, 가슴이 먹먹한 날엔 글씨조차 흐릿해졌다. 글을 쓰면서 울기도 했고, 덜컥 겁이 나서 다시 읽지 못한 날도 있었다. 하지만 그런 일기들이 쌓일수록 나의 마음은 조금씩 가벼워졌다.

일기장은 나만의 안전지대였다.

누구에게도 말하지 못할 속마음을 쏟아낼 수 있었고, 누군가의 위로나 조언을 기다리지 않아도 되는 위안의 공간이었다. 무엇보다 중요한 건, 나 스스로 내 감정을 들여다보며 정리할 수 있었다는 점이다. 스트레스는 외부의 사건보다도 그에 대한 나의 반응에서 비롯된다. 나는 일기를 통해 그 반응을 이해하고 다스리는 법을 배웠다.

특히 경찰 내부의 현실은 상상 이상으로 복잡하고 미묘했다. 스트레스 해소를 위해 동료들이 택하는 방법은 대부분 '술'이었다. 퇴근 후 한 잔, 주말엔 해장 삼아 또 한 잔. 술은 그 순간만큼은 모든 걸 잊게 해주었고, 상사나 동료에 대한 불만을 쏟아내는 시간은 어쩌면 유일한 스트레스 배출구였는지도 모른다.

그러나 그런 술자리는 결국 다시 후회와 자책, 또는 험담의 화살이 자신에게로 되돌아오는 경우가 많았다.

한때 나도 술잔 앞에서 울고 웃던 적이 있었다.
하지만 어느 날 문득 이런 생각이 들었다.
"이 모든 걸 말이 아닌 글로 남기면 어떨까?"
그렇게 시작된 일기 쓰기가 내 삶을 바꾸기 시작했다. 일기장은 내 감정의 안전벨트가 되었고, 스트레스 해소를 위한 가장 건강한 대안이 되었다.

경찰 조직에는 '승진'이라는 구조적 압박이 있다.
시험뿐 아니라 심사, 특별승진 등의 절차가 있고, 특히 '심사'는 상사의 주관적인 평가에 따라 고과(考課) 점수가 갈리기 때문에 눈에 보이지 않는 긴장감이 늘 상존한다. 나는 그런 긴장과 불안이 결국 사람을 병들게 만든다는 사실을 눈앞에서 자주 보았다. 실제로 공휴일과 주말을 반납하며 일하기도 했다.

　심사승진을 앞두고 스트레스를 받아 결국 암으로 세상을 떠난 동료들마저 있었다.

　그들의 마지막을 떠올릴 때마다 마음이 무거워졌다. 나는 그런 현실 속에서도 글을 쓰며 스스로 자신을 다독일 수 있었고, 일기를 통해 나를 지킬 수 있었다는 사실이 지금도 참 다행이라 여겨진다.

　퇴직 후에도 그 습관은 계속됐다.

　세상과의 연결고리가 느슨해지는 시기에, 일기는 나에게 여전히 유일한 통로였다.

　혼자만의 시간을 어떻게 써야 할지 막막할 때, 감정이 말없이 밀려올 때, 나는 일기장을 꺼냈다. 글을 쓰다 보면 마음속에서 무겁게 자리 잡고 있던 감정이 서서히 흘러나오는 것을 느꼈다.

　현장에서 땀 흘릴 때는, 많은 사람의 감정을 감당해야 했다. 피해자와 가해자, 가족과 이웃, 낯선 사람들의 이야기를 들어야 했고, 때론 그들의 눈물과 분노를 함께 견뎌야 했다. 하지만 정작 내 감정은 어디에서 어떻게 풀어야 할지 몰랐다. 그럴 때마다 일기장은 침묵 속에서 내 이야기를 들어주는 유일한 친구였다.

　오늘도 현장을 누비는 후배 동료 경찰들에게 말하고 싶다.

　"스트레스를 없애기 위한 완벽한 방법은 없지만, 그 무게를 줄이는 방법은 있다. 바로 일기다. 매일 하루의 감정을 글로 옮기는 것. 그것만으로도 우리는 조금 더 가벼운 마음으로 다음 날을 맞을 수 있다.

지금, 이 순간에도 감정의 소용돌이 속에 있는 이들이 있다면, 조용히 일기장을 펼쳐보길 권한다."

 일기는 남에게 말하지 못한 이야기의 시작이고, 자기 자신을 스스로 위로하는 따뜻한 한 문장이다.

 오늘의 피로와 감정을 일기장 속으로 흘려보내자.

 내일은 분명 조금 더 가벼운 하루가 될 것이다.

글쓰기 강좌보다는 일기를 써라

글을 잘 쓰고 싶다는 생각은 누구나 한 번쯤 해봤을 것이다. 나 역시 그랬다. 퇴직 후 본격적으로 글을 써야겠다고 마음먹었을 때, 나는 글쓰기 강좌를 찾아보았고, 유명 작가들의 책을 사 모았다. 어떻게 하면 문장을 더 잘 쓸 수 있을까, 독자에게 감동을 줄 수 있을까 고민하며 여러 방법을 시도했다.

하지만 시간이 흐를수록 나는 하나의 결론에 도달했다.

글쓰기를 따로 배울 필요는 없다는 것.

그 대신 매일 꾸준히 일기를 쓰는 것이 훨씬 효과적인 글쓰기 연습이라는 사실을 깨달았다. 일기는 남에게 보여주기 위한 글이 아니다. 거창한 수사도, 구조적인 구성도 필요 없다. 있는 그대로 나를 담아내는 진솔한 기록일 뿐이다. 그럼에도 글쓰기의 기본 중의 기본이라는 사실을 깨달았다.

경찰관으로 일하며 겪은 숱한 상황들, 현장에서 마주한 갈등과 감정들, 그리고 퇴근 후 혼자 남은 책상 앞에서 정리한 마음들. 그것들을 일기장에 꾸준히 써왔고, 그 글들이 쌓이며 자연스럽게 글쓰기의 감각도 키워졌다. 일기란 결국 '나를 쓰는 글'이다. 그만큼 진심이 담기고, 그래서 독자에게도 쉽게 전해진다.

처음에는 그저 오늘 있었던 일, 내 기분, 누구와 무슨 대화를 나눴는지를 적는 일만으로도 충분했다. 그러다 보니 나도 모르게 표현이 풍부해지고, 문장의 흐름이 매끄러워진다. 감정을 세밀하게 들여다보는 눈이 생기고, 그것을 언어로 풀어내는 힘도 자연스레 자란다.

어떤 날은 딱히 쓸 이야기가 없어도, 억지로나마 펜을 들었다. 글이 잘 써지지 않는 날이 오히려 중요한 날이었다. 그런 날에는 마음 깊은 곳에 숨어 있던 감정이 글을 쓰면서 불쑥 튀어나오기도 했다. 그런 경험을 통해 나는 알게 되었다. 글쓰기는 '실행하는 사람'의 것이다. 많이 쓸수록, 더 잘 쓸 수밖에 없다.

내가 블로그에 일기 형식의 글을 올리기 시작하자, 지인들이 종종 물었다.

"글쓰기 수업 어디서 받으셨어요?"

그럴 때마다 나는 웃으며 답했다.

"수업 안 받았어요. 그냥 매일 일기 쓴 게 전부예요."

특별한 이론 없이도, 일기를 통해 우리는 삶의 리듬을 글로 옮기는 법을 배운다. 일상에서 발견한 작은 감동이나 통찰을 적다 보면, 그것이 어느새 사람의 마음을 움직이는 글이 되기도 한다. 나를 위한 글이 결국 누군가에게도 위로가 될 수 있다는 사실은, 일기 쓰기를 지속할 수 있는 큰 동력이 된다.

　한비야 작가의 말처럼, "글을 쓰다 보면 내 마음 깊은 곳에 무엇이 있는지를 알게 된다." 글쓰기의 본질은 결국 '나를 아는 것'이다. 그래서 나는 누군가 글쓰기를 배우고 싶다고 말할 때, 항상 이렇게 권한다.

　"글쓰기 책을 읽거나 강좌를 듣기 전에, 일기부터 써보세요. 매일 꾸준히. 그게 최고의 수업입니다."

　지금 글쓰기에 대한 막연한 두려움이 있다면, 그 벽을 허물기 위해 일기장을 펼쳐보자.

　한 문장, 한 단어라도 좋다. 중요한 건 꾸준함이다.

　그렇게 쌓인 글은 어느 순간 당신을 더 깊이 이해하게 만들고, 더 자유롭게 표현하게 해줄 것이다. 그리고 결국, 당신도 알게 될 것이다.

　"나는 이미 글을 쓰는 사람이었다."라는 것을.

세상을 담는 시사(時事) 일기

지구대에서 일하고 있을 때였다.

하루에도 수십 번씩 시시각각 변하는 뉴스 속보를 접하곤 했다. 순찰차 안 라디오에서 흘러나오는 소식, 시민들의 불안 섞인 질문들, 그리고 때때로 나를 긴급하게 호출하는 사건들. 이 모두가 그날의 '현실'이었고, 나는 그 속에서 살아 있었다.

처음에는 그저 흘러가는 뉴스였지만, 점차 나는 그 사건들을 글로 정리해 보고 싶다는 충동을 느꼈다.

단순한 정보가 아닌, 그 안에서 내가 느낀 감정, 현장의 분위기, 사람들의 반응을 담고 싶은 욕구가 생겼다.

그래서 시작한 것이 바로 시사 일기였다.

뉴스에서 들은 사건이나 사회적 이슈를 접한 날이면, 그것에 대한 내 생각과 느낀 점을 일기에 담았다. 처음엔 어렵게 느껴졌다. 거창한 분석이나 의견이 없으면 글이 되지 않을 것 같았고, 내 생각이 누군가에게 틀린 주장처럼 보일까 걱정도 됐다.

하지만 곧 일기는 정답을 요구하지 않는다는 사실을 깨달았다. 일기는 내 생각의 흔적을 남기는 공간이었다.

어느 날은, 한 교사가 학생에게 체벌을 가했다는 뉴스가 나왔다. 학교폭력보다 체벌이 낫다는 여론과, 어떠한 이유에서도 폭력은 안 된다는 반론이 팽팽히 맞섰다. 나는 그날 일기에 이렇게 썼다.

"나도 체벌을 받으며 컸다. 하지만 그게 나를 성장시켰다고 믿진 않는다. 아이를 키우는 지금, 내 아들에게 가장 필요한 건 꾸중이 아니라 대화다."

내 경험을 기반으로 쓴 그 글은, 나 자신을 돌아보게 했고, 내 가치관을 정리하는 데 큰 도움이 되었다.

또 다른 날에는, 대형 화재로 인해 많은 인명이 희생된 사건을 접했다. 보도에선 소방관들의 헌신을 조명했지만, 한편으론 관리 부실과 예산 부족이라는 문제도 있었다.

나는 화가 났고, 안타까웠다. 그리고 썼다.

"우리가 일상의 안전을 당연히 여기지 않으려면, 지금 이 순간에 누군가가 감수하는 위험을 기억해야 한다."

시사 일기의 좋은 점은, 세상을 더 넓게 보도록 만든다는 것이다. 나와는 무관할 것 같던 일도, 일기로 써보면 점점 내 이야기로 다가온다. 어떤 뉴스는 나를 움직이게 했고, 어떤 뉴스는 나를 침묵하게 했다. 하지만 모든 뉴스는 결국 내 안에 가치관의 본질에 관한 질문을 남겼다.

"나는 이 사회 속에서 어떤 사람으로 살아가고 있는가?"

시사 일기를 쓰며, 나는 뉴스의 수동적 수용자가 아닌, 능동적 해석자가 되었다. 단순히 정보를 받아들이는 것이 아니라, 그 안에서 내 가치관을 정리하고, 더 나아가 세상을 바라보는 시선을 확장할 수 있었다. 글을 쓴다는 것은 결국 '나'를 바깥세상과 연결하는 일이다. 그리고 시사 일기는 그 연결의 가장 생생한 통로였다.

독자 여러분에게 권하고 싶다.

매일 뉴스 한 꼭지를 골라보자. 그리고 그에 대한 자기의 생각을 짧게라도 적어보자. 분노했는지, 공감했는지, 또는 무관심했는지… 그 반응을 솔직하게 적는 것만으로도 글쓰기는 시작된다. 우리는 모두 세상 속에 살고 있고, 그 세상을 바라보는 우리만의 눈이 있다. 그 시선을 놓치지 말자.

시사(時事) 일기는 어렵지 않다. 뉴스는 매일 우리 곁에 있다. 그것을 그냥 흘려보내지 말고, 마음에 남는 날엔 글로 남겨보자.

그 기록은 세상에 대한 그대의 해석이며, 동시에 그대 자신에 대한 이해이기도 하다.

나의 시사 일기는 세상과 나 사이를 이어주는 다리였다.

오늘도 나는 뉴스를 듣고, 일기를 쓴다.

그 속에 오늘의 내가 있다.

미래의 작가를 길러내는 습관

지구대나 파출소에서 근무하던 때도 일기를 썼다.

처음에는 사건 기록이 대부분이었다. 매일 같이 반복되는 업무 속에서, 누군가의 고통과 갈등을 마주한 뒤에는 그 감정을 어딘가에 쏟아내야 했다. 내 감정을 담을 유일한 통로가 일기였다.

그 시절의 기록이 쌓이면서 글쓰기에 대한 새로운 관점이 생겼다. 단순한 기록이 아니라, '내 안의 이야기'를 끄집어내 나와 마주하는 시간이라는 사실을 알게 되었다.

그 후로 나는 매일 글을 썼다.

때로는 사건 보고서와 다르지 않은 날도 있었지만, 그 안에 내 생각을 덧붙이는 순간 글은 달라졌다. 글을 쓰며 느꼈다. 나는 내 경험을 통해 무언가를 전하고 싶어 한다는 사실을.

그리고 언젠가, 이 글들이 책이 될 수도 있겠나는 막연한 꿈이 생겼다. 작가(作家)라는 단어가 나와는 먼 이야기 같았지만, 매일 글을 쓰는 습관이 그 꿈을 가까운 현실로 바꾸어 주고 있었다.

나는 하루에 원고지 10장을 쓰기로 마음먹었다.

처음에는 막막했다.

'뭘 써야 하지?'

'이게 무슨 의미가 있을까?'

그러나 어느 날, 일기를 되돌아보며 깨달았다.

'이 글이 바로 나구나.'

글은 거울이었다.

나의 감정, 기억, 분노, 감사...

모든 사상(事象)이 투명하게 드러나는 거울.

글쓰기는 단순한 표현이 아니다.

그것은 훈련이고, 자기 돌봄이며, 나아가 미래를 준비하는 도구이다. '언젠가 작가가 되고 싶다.'라는 마음이 있다면, 글쓰기를 위한 별도의 시간이 아니라, 일상 속의 일기로 시작하자. 어떤 특별한 문장을 쓰려고 하기보다, 그날의 감정을 진솔하게 옮겨 적는 것, 그것이면 충분하다.

야간근무가 있는 날에도, 글쓰기는 특별한 일이 아니었다. 밤샘 근무 후 흐릿한 정신으로 쓴 몇 줄의 문장이 나중에 읽어보면 눈물 나는 순간이 많았다.

'그날, 나는 참 힘들었구나.'

'그 순간, 나는 누군가를 이해하려 애썼구나.'

그런 문장들이 나를 다독였다.

이제 나는 거의 매일 책을 쓰고 있다.

일기에서 시작된 글쓰기가 작가로 향하는 길을 만들었다. 한 줄 한 줄 써온 기록이 쌓여, 책 한 권의 뼈대를 이루었다.

작가는 어느 날 갑자기 되는 것이 아니다. 매일 글을 쓰는 사람만이, 그 길을 향해 조금씩 다가갈 수 있다.

그대, 오늘부터 일기장을 펼쳐보자.

일기라는 이름의 글쓰기 훈련장을 시작해 보자. 누가 뭐라고 하든, 당신의 글은 세상에 하나뿐인 고유한 이야기다. 지금은 작가가 아니어도 괜찮다. 매일 쓰는 사람이 결국 작가가 된다.

나는 그 길을 걷고 있다.

그대도 함께 걸어보길 바란다.

미래의 작가는 바로, 오늘 펜을 드는 그대일 테니까.

글쓰기로 나쁜 습관 고치다
필력을 키우는 베껴 쓰기
낙숫물이 언젠가는 바위를 뚫는다
상상하면 그대로 현실이 되는 글쓰기
글쓰기의 매력에 빠져 살다
후반부 인생의 필수품 글쓰기
내 안에 잠든 작가를 깨워라

제6장

인생 2막을 위한 도전과 글쓰기

글쓰기로 나쁜 습관 고치다

나는 경찰 생활의 대부분을 일선 현장에서 근무했다.

범죄 현장에서 사람들의 고통을 가까이 목격하며 살아온 시간을 잊을 수 없다. 그 안에서 느꼈던 감정들은 격렬했고, 때로는 감당하기 어려울 정도로 무거웠다. 자연스레 나는 스트레스를 해소할 수 있는 무언가를 찾게 되었고, 그것이 바로 일기였다.

처음에는 일기가 그날 있었던 사건을 정리하는 수준이었다. 하지만 어느 순간부터 일기는 내 나쁜 습관을 돌아보는 거울이 되었고, 더 나아가 그 습관을 바로잡는 도구가 되어주었다.

지구대 주간 근무를 마친 날에는, 가끔 동료들과 삼겹살에 소주를 곁들였다. 긴장된 몸과 마음을 풀기 위한 방식이었지만, 그런 습관은 결국 건강을 망치는 지름길이 되었다. 다음 날이면 늘 후회했고, 그 후회는 또다시 반복되곤 했다.

어느 날, 일기장을 펴고 조용히 나 자신을 바라보았다.

"오늘도 결국 야식과 술에 의지했다."

이 한 문장을 쓰며, 나는 스스로 나 자신에게 질문했다.

"이대로 괜찮을까?"

그날 이후, 나는 나쁜 습관을 일기 속에 담아보기로 했다.

술을 마신 날엔 나름의 이유를 적었고, 마시지 않은 날엔 칭찬을 남겼다. 그렇게 기록이 쌓이자 자연스레 행동에도 변화가 생겼다. 어느 날은 맥주를 들었다가도, 일기에 쓸 내용을 떠올리며 다시 내려놓기도 했다. 글쓰기는 그렇게 내 생활을 조심스럽게 바꾸기 시작했다.

글에는 힘이 있다.

특히 진심으로 적은 글에는 더 큰 힘이 있다.

감정을 숨기지 않고, 나 자신을 솔직히 마주하는 글을 쓰다 보면 더는 자신을 속일 수 없게 된다. 글쓰기는 결국 자신을 들여다보는 훈련이다. 나쁜 습관이 반복될 때마다, 나는 그날의 나를 글로 마주했고, 그렇게 조금씩 변화해 갔다.

나쁜 습관은 갑자기 생기는 것이 아니다.

자그마한 행동이라도 반복되고 쌓여 습관이 된다.

하지만 그 습관은 다시 좋은 습관으로 덮어쓸 수 있다. 나는 글쓰기로 그 과정을 시작했다.

아침 일찍 일어나 일기를 쓰는 습관, 운동을 하고 그날의 기분을 적는 습관, 때로는 하루를 마무리하며 나를 칭찬하는 문장을 남기는 습관. 그런 작은 실천들이 모여 내 삶을 바꾸기 시작했다.

이제는 누군가가 나에게 말한다.

"요즘은 건강해 보이시네요."
"예전보다 훨씬 피부가 좋아 보여요."
그런 말을 들을 때마다 나는 웃으며 말한다.
"피부미용 받아요."
글쓰기 덕분이라는 말은 차마 하지 않는다.

글쓰기는 대단한 행위가 아니다.
그저 한 줄, 한 문장을 진심으로 적는 것이다. 그러나 그 한 줄이 나를 바꾸고, 삶을 단단하게 만든다. 나는 꼭 이렇게 말하고 싶다. 누군가 나쁜 습관을 고치고 싶다면 일기를 써보라고.
처음에는 어렵겠지만, 쓰다 보면 알게 된다.
그 글 안에 진짜 내가 있고, 그 나를 바꾸는 힘이 있다는 것을. 오늘도 나는 하루를 돌아보며 일기장을 펼친다. 더 나은 내가 되기 위한 습관을 글로 쌓아간다. 그것이야말로, 나쁜 습관을 좋은 삶으로 바꾸는 가장 조용하고도 확실한 길이다.

필력을 키우는 베껴 쓰기

나는 글 잘 쓰는 사람을 십 년 넘게 부러워해 왔다.

감정을 섬세하게 표현하고, 읽는 이의 마음을 울리는 문장을 만드는 그들의 능력은 마치 특별한 재능처럼 보였다. 나도 그런 문장을 쓰고 싶었다. 하지만 막상 글을 쓰려 하면 문장은 어딘가 어색하고, 마음은 앞서는데 손끝은 따라주지 않았다.

그러던 중, 한 작가의 인터뷰에서 '베껴 쓰기'의 효과를 알게 되었다. 그는 글을 잘 쓰고 싶다면 좋은 문장을 손으로 베껴보라고 권했다. 이 말은 김시현 작가의 『필사 쓰는 대로 인생이 된다』라는 책에서도 강조한 내용인데, 그는 베껴 쓰기를 통해 글쓰기 감각을 자연스럽게 익힐 수 있다고 했다. 그 단순한 방법이 그렇게 큰 변화를 불러올 수 있다는 말이 믿기지 않았지만, 나는 직접 해보기로 했다.

처음 선택한 책은 내가 좋아하던 법정 스님의 산문집이었다.

조용한 아침, 노트를 꺼내 그 스님의 문장을 한 줄 한 줄 따라 썼다. 눈으로 읽을 때는 느껴지지 않던 호흡과 리듬, 단어 하나를 고르기까지의 고심이 손끝에서 전해졌다. 글을 베껴 쓰며, 나는 글 쓰는 일이 얼마나 정성스러운 작업인지 새삼 느꼈다.

하루 반 페이지, 많게는 세 페이지씩 그렇게 꾸준히 베껴 쓰다 보니, 어느 순간 나의 문장에도 변화가 생기기 시작했다. 이전보다 문장이 부드러워졌고, 표현도 조금씩 풍성해졌다. 무엇보다 문장을 쓸 때 '이럴 땐 이런 표현이 좋겠다.'라는 감각이 생겨났다. 그것은 단순히 문장을 따라 쓰는 과정에서 얻게 된, 체화된 언어의 힘이었다.

베껴 쓰기의 장점은 글쓰기 실력 향상뿐만이 아니다.

마음이 복잡할 때, 생각을 정리하고 싶을 때도 큰 도움이 되었다. 좋은 문장을 천천히 따라 쓰는 그 시간은 마치 명상(冥想) 같았다. 마음이 가라앉고, 생각이 정리되었다. 어느 날은 하루 종일 마음이 어수선했는데, 베껴 쓰기를 하고 나니 한결 평온해진 나를 발견했다.

나는 이후에도 여러 작가의 글을 베껴 썼다.

수필가의 잔잔한 문장도, 시인의 강렬한 언어도, 모두 내 안으로 들어왔다. 그것은 단순한 모방이 아니었다. 마치 스승의 숨결을 가까이서 느끼는 듯한 경험이었다. 그들의 문장을 쓰면서 나는 내 문장을 만들기 위한 토대를 다졌다.

사건 현장 업무를 마치고 베껴 쓰기를 병행하는 일은 결코 쉬운 일이 아니었다. 어떤 날은 특히 힘들었다. 사건 현장에서 돌아온 늦은 밤, 피로에 찌든 몸으로 노트를 펼치면 손이 떨릴 때도 있었고, 눈이 시려서 한 줄을 쓰는 데도 오래 걸렸다. 그럼에도 나는 그 시간만큼은 나 자신을 위한 유일한 위로라 여기며 꾸준히 이어갔다.

하루의 업무를 마친 뒤 지친 몸으로 노트를 펴는 일이 버겁게 느껴질 때도 있었다. 하지만 그 시간만큼은 나만을 위한 것이었기에, 오히려 위로의 시간이 되었다. 글을 따라 쓰며 마음을 추스르고, 내일의 나를 준비할 수 있었다.

어떤 이는 "그냥 많이 쓰면 되지, 왜 베껴 쓰느냐?"고 말한다. 하지만 나는 좋은 글을 많이 쓰기 위해선, 먼저 좋은 글을 깊이 체험하는 시간이 필요하다고 대답한다. 베껴 쓰기는 그 체험을 가장 효과적으로 해주는 방법이다.

지금도 나는 베껴 쓰기를 계속한다.

좋은 문장을 만나면 노트에 옮겨 적고, 그 느낌을 내 글에 녹이려고 노력한다. 그것이 나만의 문장을 만들어 가는 작은 발걸음이라고 믿기 때문이다.

글쓰기 실력을 키우고 싶은 이들에게 권한다. 하루 한 문장이라도 좋으니, 좋은 문장은 베껴 써보라고. 그 단순한 습관이 그대의 글을, 그리고 그대의 삶을 조금씩 변화시킬 것이다.

낙숫물이 언젠가는 바위를 뚫는다

나는 글쓰기를 시작하면서 자주 회의에 빠졌다.

글은 쉽게 써지지 않았고, 썼던 글을 다시 읽으면 늘 마음에 들지 않았다. 나만 그런 줄 알았다. 그러나 작가들의 인터뷰를 통해 알게 되었다. 글쓰기가 원래 그런 것임을. 글은 쓰는 순간보다 다듬는 과정에서 완성된다는 사실을 깨달았을 때, 나는 비로소 안도할 수 있었다.

글쓰기는 마치 낙숫물 같았다.

작고 느리고 미약해 보이지만, 그 물방울이 바위를 뚫는 순간이 반드시 온다는 믿음… 그 믿음 하나로 나는 오늘도 글을 쓴다.

하루하루 쌓여가는 짧은 문장들이 언젠가 하나의 세계를 만들 거라는 믿음으로.

출근하는 날의 일상은 늘 긴장의 연속이었다.

나는 그런 하루하루의 현장을 일기로 남겼다. 범죄자와의 긴장감

넘치는 대면, 피해자의 떨리는 음성, 가슴 속 깊이 사무치는 후회와 절망들. 그날그날의 감정을 기록하면서 나는 나 자신을 버티게 했다. 힘들고 지친 하루였지만, 그날의 감정을 쓰고 나면 조금은 후련해졌다. 그렇게 쓰는 일은 나에게 정화였고, 회복이었다.

하지만 글쓰기를 지속한다는 건 생각보다 고된 일이다.

어느 날은 단어 하나도 머릿속에서 떠오르지 않는다. 어느 날은 내가 왜 글을 쓰고 있는지조차 잊게 된다. 그럴 때마다 나는 책상 앞에 앉아 조용히 펜을 들었다. 딱 한 줄만이라도 쓰자. 그게 내가 나와의 약속을 지키는 방법이었다.

하루에 한 줄, 때로는 한 단어... 그렇게 쌓인 글들은 결국 원고지 수십 장 분량이 되었고, 그 글을 통해 나는 또 다른 삶의 문을 열 수 있었다. 처음에는 누구에게도 보여주지 않을 글이었지만, 어느 순간 나를 가장 잘 표현하는 목소리가 되어 있었다. 일기 속에 담긴 나의 언어는 작지만 분명한 진실이었다.

"그대가 쓴 글은 결단코 사라지지 않는다."

나는 이렇게 말하고 싶다. 아무도 읽지 않아도, 아무도 알아주지 않아도, 그대가 쓴 한 문장은 분명히 그대 안에 무엇인가를 변화시키게 마련이다. 그것이 글쓰기의 힘이고, 지속의 힘이다.

내가 일기와 글쓰기를 이어갈 수 있었던 힘은 바로 그 믿음 때문이었다. 글을 쓴다는 것은 시간을 축적(蓄積)하는 일이다. 눈에 보이지 않더라도, 손에 잡히지 않더라도, 매일매일 쓰는 한 문장이 결국 당신의 삶을 바꿔놓을 것이다.

어느 날, 나도 모르게 누군가로부터 "그 글 참 좋았어요."라는 말을 듣게 될지도 모른다. 하지만 그보다 더 중요한 것은 내가 내 글을 읽고 고개를 끄덕일 수 있는가 하는 사실이다.

'아, 이 글은 정말 내 마음에서 나온 것이구나.'

이렇게만 느낄 수 있다면, 그것으로 충분하다. 글을 잘 쓰는 사람과 그렇지 않은 사람의 차이는 크지 않다. 단지 멈추느냐, 멈추지 않고 계속 쓰느냐의 차이일 뿐이다.

나는 지금도 쓰고 있다.

아침이면 일기를 쓰고, 오후엔 노트를 펼친다. 누구에게 보여주기 위한 글이 아니라, 나를 다독이기 위한 글이다.

낙숫물이 언젠가는 바위를 뚫는다.

그리고 그대의 글은 반드시 그대의 마음을 뚫고 세상과 이어질 것이다. 그날이 오기까지, 그대의 글쓰기는 멈추지 않아야 한다.

상상하면 그대로 현실이 되는 글쓰기

어릴 적에 나는 소방관을 꿈꿨다.

불길 속에서 사람을 구해내는 멋진 영웅의 모습은 어린 나의 가슴을 설레게 했다. 그러나 시간이 흐르며 꿈은 현실에 맞춰 바뀌었고, 경찰이 되었다. 어쩌면 그것도 소방관처럼 사람을 지키고 돕는다는 점에서 다르지 않았다. 그렇게 나는 현실 속에서 또 다른 꿈을 꾸기 시작했다. 바로 글을 쓰는 삶이었다.

차츰 경찰 업무가 익숙해지기 시작하던 어느 날, 나는 문득 일기장을 펼쳐 글을 쓰기 시작했다. 사건 현장에서 느낀 복잡한 감정들, 쉽게 털어놓을 수 없는 무게감들. 그것을 단지 일기장에 옮겨 적는 것만으로도 마음이 한결 가벼워졌다.

처음에는 그저 내 마음을 달래기 위한 기록이었지만, 점차 그 글들이 하나의 이야기로 사라나기 시작했다.

그때 나는 상상해 보았다.

언젠가 내가 쓴 글이 책으로 출간되어 서점의 한켠에 꽂혀 있는 모습을. 누군가는 그 글을 읽고 위로를 받을 것이고, 또 누군가는 자신도 일기를 써보고 싶다는 마음이 들지도 모른다고.

그 상상은 내 삶의 방향을 바꾸었다.

단지 글을 쓰는 사람에서, 글로 세상과 연결되고 싶은 사람으로.

그리고 상상은 현실이 되었다.

내가 쓴 글은 공모전에 입상했고, 퇴직 후에는 작가라는 또 다른 이름으로 살아가기 시작했다. 하루 팔천에서 만 보(步)를 걷고, 자연을 느끼며, 그 안에서 얻은 감정을 글로 남긴다. 글은 여전히 내 삶을 비추는 거울이고, 또 미래를 향한 발걸음이다. 상상했던 삶은 지금, 내가 매일 살아내고 있는 삶이 되었다.

"현실은 상상처럼 쉽게 움직이지 않아."라고 누군가가 말한다. 하지만 '상상은 현실을 준비하는 힘'이라고 나는 생각한다. 내가 오랫동안 머릿속에서 그려온 삶이 있었기에, 그 삶에 가까워지기 위한 준비도 할 수 있었다. 그리고 매일매일 썼던 일기는 그 상상을 구체적으로 만드는 힘이 되었다.

꿈은 막연한 바람이 아니라, 행동을 통해 가까워지는 미래다.

글을 쓰며 나는 나를 더 많이 이해하게 되었고, 더 나은 삶을 위해 어떤 선택을 해야 할지 배웠다. 상상은 내 안의 또 다른 나와 대화를 나누게 해주었고, 그 대화는 삶을 바꾸는 첫걸음이 되었다.

이제 나는 내일을 상상한다.

더 따뜻한 글을 쓰는 나, 더 단단한 어른이 된 나, 그리고 누군가의 하루를 위로할 수 있는 사람이 된 나... 그 상상이 지금의 나를 움직이고 있다.

  글을 쓰는 삶이란 결국, 내 안의 상상을 현실로 옮기는 과정이다.

  이 책을 읽는 그대여, 상상하는 삶을 포기하지 말라.

  그대가 지금 꾸는 꿈은, 언젠가 그대가 살아갈 현실이 될 수 있다. 그리고 그 길 위에, 반드시 그대만의 이야기가 기다리고 있다.

  일기 한 줄에서 시작된 상상이 이렇게 현실이 되었듯이, 그대의 기록도 언젠가는 놀라운 현실이 되어 그대 앞에 나타날 것이다.

글쓰기의 매력에 빠져 살다

나는 매일 같이 예측할 수 없는 사건을 마주할 때가 많았다.

누군가의 눈물, 다급한 신고, 갑작스러운 사고, 거친 언성이 뒤섞인 현장. 사람의 감정이 그대로 부딪히는 자리에서, 나는 매일 살아있는 드라마를 겪었다. 그때마다 나는 머릿속을 휘젓고 지나가는 감정들을 놓치고 싶지 않았다. 그래서 하루가 끝나면 일기장을 꺼냈고, 오늘 겪은 사건과 내 마음을 꾹꾹 눌러 적었다.

처음엔 습관이었다.

'오늘은 이런 일이 있었다.'라고 적는 수준이었다.

하지만 어느 날 문득, 사건 내용을 정리하던 글에서 나마저 몰랐던 감정이 드러나고 있는 것을 발견했다. 그 감정은 때로 분노였고, 때로는 안쓰러움이었으며, 무엇보다 안간힘이었다. 내가 매일매일 썼던 글은 단순한 기록이 아니었다. 그것은 나 자신을 비추는 거울이자, 나를 살리는 한 줄의 숨결이었다.

특히 힘든 날일수록 글은 더 깊어졌다.

누군가의 죽음 앞에서 무력감을 느낄 때, 억울한 사연에 눈물을 삼켰을 때, 나는 그 마음을 다 담아내지 못하는 현실에 답답해하며 글을 썼다. 그런데 이상하게도, 그런 글을 쓴 날엔 내 마음이 한결 가벼워졌다. 그것은 일종의 정화 과정이었고, 내 안의 무게를 덜어내는 방식이었다.

퇴직한 후로 나는 글쓰기에 더욱 몰입하게 되었다.

새벽이 되면 자연스럽게 눈이 떠졌고, 황톳길을 맨발로 걸으며 떠오른 단상을 일기장에 옮겼다. 문득문득 스쳐 가는 생각, 사람들의 표정, 하늘빛 같은 것들이 내 글의 소재가 되었다. 놀랍게도 이런 글에 많은 이들이 반응했다. 블로그에 글을 올리면 여러 댓글이 달렸다.

"읽고 울컥했습니다."

"선생님 덕분에 저도 일기를 쓰기 시작했어요."

나는 그때 글이란 나 혼자만의 차지가 아니라, 누군가의 삶과 맞닿을 수 있다는 사실을 알았다.

어느 날, 한 독자가 내게 조용히 말을 건넸다.

"글이 저를 살렸어요."

그 말은 지금까지 내가 받아본 어떤 훈장보다 무겁고 귀한 것이었다. 내가 누군가에게 힘이 될 수 있었다는 사실. 그것은 글쓰기의 가장 큰 보상이었다.

물론 글쓰기가 언제나 쉬운 건 아니다.

어떤 날은 펜을 쥔 채 한 줄도 써내지 못해 멍하니 시간을 흘려보낼 때도 있다. 또 어떤 날은 내가 쓴 글이 형편없다고 느껴져 자책하기도 한다. 하지만 나는 안다. 그런 시간조차도 글 쓰기의 일부란 사실을. 그 부끄러움, 조급함, 갈등까지도 모두 내 글을 더 진솔하게 만드는 재료가 된다는 것을.

내게 글쓰기란, 삶의 먼지를 털어내고 본래의 빛을 발견하는 과정이다. 어지러운 하루 속에서도 글을 쓰는 그 짧은 시간이 있기에 나는 다시 중심을 잡을 수 있다.

마치 심호흡을 하듯, 한 문장을 쓰고, 그 문장에서 또 하나의 마음을 들여다보는 일. 그렇게 나는 매일을 살아간다.

이제 나는 글이 없으면 허전하다.
그리움도, 기쁨도, 분노도 글 안에서 만나고, 그 감정들을 천천히 꺼내어 다시 나 자신에게 돌려준다.
그리고 그 글을 읽은 누군가가 위로를 받았다면, 나는 그걸로 충분하다. 나의 하루가 누군가에게는 작은 빛이 될 수 있다면, 그보다 더 큰 보람은 없을 터이다.
글은 꼭 잘 써야 하는 건 아니다.
누가 읽지 않아도 좋다. 그대의 마음속 이야기를 한 줄씩 꺼내보자. 그 글은 분명히 그대를 바꿔놓을 것이다. 오늘도 나는 글을 쓰며 나를 다듬는다. 그리고 그대도, 내일 아침 일기장 앞에 앉아 조용히 마음을 들여다보기를, 진심으로 바란다.

후반부 인생의 필수품 글쓰기

"이제 좀 쉬어야지."

퇴직 후, 사람들은 흔히 이렇게 말한다.

하지만 나는 생각이 달랐다. 오히려 인생의 후반부야말로 더 치열하게 살아야 할 시간이었다. 나의 치열함은 글쓰기에서 시작됐다. 경찰 생활을 마치고 난 뒤, 나는 나 자신에게 질문을 던졌다.

'이제 어떻게 살아갈 것인가?'

무언가를 남기고 싶었다. 그래서 나는 글을 쓰기로 했다.

글을 쓴다는 것은 단지 이야기를 적는 일이 아니다. 그것은 자신을 정리하고, 되돌아보고, 앞으로 더 나아갈 힘을 기르는 행위였다.

나는 매일 새벽, 조용한 책상 앞에 앉아 일기를 썼다.

처음엔 단 몇 줄에 불과했지만, 어느새 페이지가 쌓이고, 내 삶의 소각들이 하나하나 기록되기 시작했다. 그 순긴 깨달았다. 글쓰기는 후반생을 다듬는 도구라는 점을.

젊었을 땐, 먹고 사는 일로 시간에 쫓기며 살았다.

사건 현장으로 뛰어다니고, 보고서를 쓰고, 하루를 분초 단위로 쪼개 살았다. 하지만 퇴직 후 나는 시간의 주인이 되었다. 그 여유가 나를 게으르게 만들지는 않았다. 오히려 하루하루를 더 진지하게 살도록 했다. 글을 쓰며 나는 나를 다시 발견했고, 앞으로 어떻게 살아가야 할지에 대한 방향도 찾았다.

어느 날, 예전 일기장을 펼쳐보았다.

십 년 전, 퇴직을 앞두고 불안과 기대가 뒤섞인 감정들이 가득했다. 그 글들을 읽으며 나는 그때의 나에게 말을 걸었다.

"괜찮아, 잘 해왔어."

글이란 그런 것이다. 과거의 나와 현재의 나를 이어주는 다리. 그리고 앞으로의 나에게 전하는 격려의 편지.

나는 글쓰기를 통해 삶의 템포를 되찾았다.

계획 없는 하루는 글감이 되지 않았고, 불성실한 삶은 진솔한 문장을 만들어 내지 못했다. 그래서 글을 쓰기 위해 더 성실해졌다. 책을 읽고, 운동을 하고, 사람들을 만나며 내 일상을 채워나갔다. 그렇게 쓴 글은 내 삶을 더 빛나게 만들어 주었다.

지금도 나는 하루를 시작하며 묻는다.

'오늘은 어떤 글을 쓸 수 있을까?'

그 질문은 내게 하루의 의미를 부여한다. 누군가에게 보여주기 위한 글이 아니라, 나를 위한 기록. 나의 감정과 생각과 고민과 깨달음을 담은 글. 그것이야말로 진짜 나를 위한 글쓰기다.

　인생의 후반부에, 무엇을 해야 할지 막막하다면 글을 써보라고 말하고 싶다. 일기를 써도 좋고, 산문을 써도 좋다. 매일 몇 줄씩 써보고, 그 글이 쌓이면, 그대는 어느새 자기 삶의 주인이 되어 있을 것이다.

　후반생의 시간은 길고도 소중하다. 그 시간을 글쓰기로 채운다면, 그 무엇보다 의미 있는 인생이 될 것이다.

　나는 지금도 매일 글을 쓴다.

　그리고 그 글이 내 삶을 단단하게 해주고 있다는 사실에 감사한다. 후반부 인생에서 글쓰기는 선택이 아니라 필수다. 그것은 나를 살리는 힘이자, 나를 가장 나답게 만들어 주는 길이다.

내 안에 잠든 작가를 깨워라

글쓰기를 시작할 때, 사람들은 이렇게 묻는다.
"나는 글을 잘 못 쓰는데, 시작해도 될까요?"
내 대답은 언제나 같다.
"글은 잘 쓰는 것이 아니라, 진심을 쓰는 것이다."
그 진심이 쌓이다 보면, 어느 순간 우리는 자신도 놀랄 만큼 깊은 문장을 만나게 된다. 나 역시 그랬다. 처음에는 어색하고 부끄러웠지만, 계속해서 쓰다 보니 나만의 언어가 생기고, 그 언어로 나를 표현할 수 있게 되었다.

현직에서 일할 때, 나는 매일 밤 일기를 썼다.
누군가에게 보여줄 생각은 없었다. 그저 그날 있었던 사건, 사람들과의 갈등, 마음속의 파문을 가만히 풀어내는 작업이었다. 그렇게 쌓인 숱한 일기장들은 어느새 내 삶을 꿰뚫는 기록이 되었다. 돌이

켜 보면, 그 일기들이 바로 '작가'로 가는 문이었다.

글을 쓴다는 건, 거창한 작품을 만드는 일이 아니다.

내 안에 잠든 감정, 기억, 질문을 하나씩 깨우고 마주하는 일이다. 나의 일상, 나의 고민, 나의 작은 변화들이 바로 최고의 글감이 된다. 누군가의 글을 깊은 감동으로 읽을 때, 우리는 그 사람이 특별해서가 아니라, 무엇보다도 그 사람이 솔직했기 때문이라는 사실을 잊지 말아야 한다.

나는 종종 10년 전 일기장을 꺼내 읽는다.

그때 내가 썼던 서툰 문장들, 조심스레 꺼낸 감정들이 지금의 나를 만든 뿌리가 되었음을 느낀다. 글은 시간과 함께 나를 성장시켜 왔고, 그것은 내가 글쓰기를 멈출 수 없는 이유이기도 하다.

처음 글을 쓸 때는, 남들의 평가가 두려웠다.

너무 감정적인 건 아닐까, 너무 유치하지 않을까. 그러나 시간이 흐르면서 알게 되었다. 진짜 글은 '나를 있는 그대로' 써 내려가는 데서 시작된다는 것을. 나의 기쁨, 나의 슬픔, 나의 실패까지도 글로 써 보는 순간, 그것은 더 이상 나를 부끄럽게 하지 않는다. 오히려 나를 강하게 만든다.

사람들은 대개 글쓰기를 두려워한다.

그러나 나는 그대 안에도 분명 작가가 있다고 말하고 싶다. 다만 아직 깨워지지 않았을 뿐이라고. 그 작가는 그대가 매일 한 줄씩 써 내려가는 순간, 서서히 눈을 뜬다. 그리고 그대의 삶에 새로운 의미를 불어넣는다.

글을 쓴나는 것은 자신과의 대화이다. 거울 앞에 선 것처럼, 글 속에서 나는 진짜 나와 마주하게 된다.

때로는 낯설고, 때로는 위로가 된다. 하지만 그 과정을 통해 나는 조금 더 솔직해지고, 조금 더 단단해진다.

그러니 지금 펜을 들어보자.

오늘 하루 있었던 일을 써도 좋고, 문득 떠오른 기억이나 감정을 써도 좋다. 형식에 얽매이지 말고, 마음 가는 대로 적어보자. 그렇게 쓴 글은 그대에게 분명히 말을 걸어올 것이다.

"나는 이미 작가였어. 단지 몰랐을 뿐이야."

이제 그대가 일기장을 펴고, 그대 안에 잠든 작가를 깨워보자.

그대의 이야기는 세상에서 단 하나뿐이다.

그 이야기를 그대가 써야 한다.

그래야 비로소 그대의 삶이 더 단단하고 따뜻해질 수 있다.

제7장

10년 전 일기장을 읽으며

살아내는 힘, 그 작은 희망

용서의 진심, 그 경계선

아픔에서 피어난 희망

새벽 세 시, 부모의 얼굴

비어 고글, 서울의 밤에 홀린 청춘

햇살 속의 기억, 사랑의 흔적

술잔 속, 반복되는 얼굴들

가시 같은 이해

한 사람의 인생에서 배우는 교훈

아버지의 언어

인생의 끝자락에서 만난 두 사람 이야기

살아내는 힘, 그 작은 희망

"어머니가 목을 맸어요."

그 짧은 말은 나를 얼어붙게 했다.

경찰관으로 일하면서도 자살 현장은 언제나 익숙해지지 않았다. 신고가 접수된 직후, 나는 119 구급대와 함께 아파트로 향했다. 도착한 곳은 강남의 한 아파트 11층. 문을 열자마자 마주한 광경은 충격 그 자체였다.

50대 초반의 여성이 목을 맨 채 축 늘어져 있었다. 구급대원들이 곧바로 심폐소생술을 시작했다.

시간이 멈춘 듯 조용한 공간 안에서, 그녀를 살리려는 손길만이 분주하게 움직였다.

약간의 미온이 느껴졌다는 보고가 이어졌고, 우리는 그녀가 숨을 되찾기를 간설히 바랐나.

그녀는 폐 질환으로 고통받고 있었고, 그날따라 증상이 심했다고 한다. 남편과 아들이 있었지만, 잠시 자리를 비운 사이에 일이 벌어졌다. 아들이 조용한 방을 확인했을 때, 그녀는 이미 끈을 매단 상태였다. 다행히 가족의 빠른 신고와 구조 덕분에 그녀는 병원으로 옮겨졌고, 기적처럼 의식을 되찾았다.

현장을 정리하며, 나는 이런 생각이 들었다.

자살은 '살자'라는 말을 거꾸로 쓴 것이다. 그 말처럼, 우리는 때때로 삶이 버거워 죽음을 선택하고 싶을 만큼 힘들 때도 있지만, 그 순간조차도 삶에 대한 간절한 바람이 숨어 있다고 믿는다.

고통은 누구에게나 찾아온다.

하지만 그 고통을 견디고, 하루를 살아낸다는 건 결코 작은 일이 아니다. 나는 그녀가 다시 숨을 쉬는 모습을 보며, 인간의 생명력이 얼마나 강인한지, 그리고 얼마나 소중한지를 새삼 실감했다.

그날 밤, 나는 일기를 썼다.

'오늘 나는 한 사람의 생명을 다시 품는 기적을 보았다. 그 순간, 나는 다시금 삶을 붙잡고 살아가는 이유를 배웠다.'

경찰관이 하는 일은 범죄자를 잡는 것만이 아니다. 누군가의 절망을 막고, 다시 삶으로 이끄는 것도 우리의 역할이다. 그녀의 회복은 단지 생존 그 이상의 의미였다. 그것은 살아가는 힘, 버티는 힘, 그리고 그 안에서 피어나는 희망이었다.

살다 보면 누구나 벼랑 끝에 몰릴 때가 있다. 그 순간, 누군가의 손길이 삶과 죽음을 가른다. 나는 그날의 사건을 잊지 못한다.

그리고 그 일을 겪은 후, 사람을 대하는 내 마음도 조금 더 조심스럽고 따뜻해졌다.

그분이 다시 살아났듯, 우리도 모두 살아내야 한다.

오늘 하루를 견뎌냈다면, 우리는 이미 충분히 잘하고 있는 셈이다. 어쩌면 삶은 그렇게, 작은 희망 하나로 버텨나가는 긴 여정일지도 모른다.

용서의 진심, 그 경계선

아파트 단지 안에서 벌어진 다툼은 겉보기엔 단순한 일이었다. 차량 출입증 부착 문제로 시작된 말다툼이 결국은 폭력으로 번졌다. 신고를 받고 현장에 도착했을 때, 피해자는 엄지손가락에 피를 흘리고 있었고, 가해자는 억울하다는 표정으로 맞섰다. 목격자도, CCTV도 없는 상황에서 사건을 판단하기란 쉽지 않았다.

가해자는 자신이 아파트 자치회 감사라고 밝히며, 마치 자신이 법 위에 있는 것처럼 말하고 행동했다.

그의 오만한 태도는 내 직업인 경찰관으로서의 사명감에 불을 붙였다. 반면 피해자는 억울함을 참으며 말했다.

"잘못을 인정하면 용서하겠습니다."

그 말은 단순한 양보가 아니었다.

그의 표정은 복잡한 감정으로 뒤섞여 있었다. 가해자는 한참을 망설이다가 결국 고개를 숙였다. 사과했다.

그 장면을 보며 나는 복잡한 생각에 잠겼다.

그 사과는 진심일까? 아니면 처벌을 피하기 위한 계산된 행동일까? 우리는 흔히 '미안하다'라는 말을 쉽게 한다. 그러나 그 말 뒤에 진심이 담겨 있는지를 확인하긴 어렵다. 더구나 가해자가 사회적 위치를 이용해 문제를 덮으려는 듯한 태도를 보였기에, 그의 사과가 마음 깊이 와닿지는 않았다.

이윤기 작가가 한 말이 떠올랐다.

"아이들이 보고 배운다는 이유로, 나는 교통법규 하나도 어기지 않는다."

그의 말처럼, 사소한 태도 하나가 누군가에게는 배움의 기준이 될 수 있다. 그렇다면, 용서 역시 누군가를 변화시키는 기회가 되어야 하지 않을까?

사람들은 자주 용서를 구한다.

하지만 그 용서가 과연 진정으로 반성한 결과인지, 아니면 단순한 위기 회피용인지 판단하기 어렵다.

그리고 그 말을 받아들이는 사람 또한 그 말 뒤에 숨겨진 마음을 가늠하며 마음의 갈피를 잡지 못할 때가 많다.

이 사건을 정리하며 나는 다시 한번 느꼈다.

말 한마디가 누군가에게는 큰 울림이 될 수도 있고, 반대로 다시는 돌아오지 못할 상처가 될 수도 있다는 것을. 그래서 사과는 형식이 아닌 태도여야 하며, 용서는 결과가 아니라 시작이어야 한다.

우리는 살아가면서 많은 갈등을 겪고, 수많은 용서를 구하고 용서를 베푼다. 그 과정에서 중요한 것은 '진심'이다. 말보다 행동, 순간의 표정보다 그 이후의 변화가 더 중요하다. 그날의 사건이 내게 남긴 질문은 이것이다.

"우리는 진심으로 용서하고 있는가, 그리고 진심으로 용서를 구하고 있는가?"

법은 사건을 종결할 수 있지만, 사람의 마음은 태도와 행동으로만 다가갈 수 있다.

오늘의 이 일기를 통해, 나는 자신의 태도를 돌아본다.

그리고 나 역시 누군가에게 진심 어린 용서를 구하고, 또 누군가를 진심으로 용서할 수 있는 사람이 되길 바란다.

아픔에서 피어난 희망

도난 사건이 발생한 곳은 서울삼성병원 암 병동이었다.

점심을 마치고 잠시 여유를 가지던 중에 접수된 이 사건은, 처음에는 평범한 절도 사건쯤으로 여겼다. 병원은 언제나 사람들로 분주하고, 민원이 끊이지 않던 곳이라 '또 하나의 일'처럼 여겨질 수 있었다.

하지만 이날의 경험은 그 단순한 사건 이상이었다.

나는 스스로 타이르듯 말했다.

"배우는 마음으로 이 현장을 마주하자."

이 결심은 사건을 바라보는 내 시선을 완전히 바꾸었다.

병동을 살피던 중, 네댓 살쯤 되어 보이는 어린 환자가 눈에 들어왔다. 작은 털모자 아래 맨들맨들한 머리, 핏기 없는 얼굴, 휠체어에 앉아 고개를 숙인 모습은 마치 동자승 같았다. 그의 어머니는 아들이 백혈병 투병 중이라고 설명했다.

그리곤 조심스레 덧붙였다. 아이의 안부를 묻고 걱정해 주는 말을 건넸다는 이유로 "정말 감사합니다."라고 했다. 그 한마디에 담긴 외로움, 두려움, 그리고 감사의 무게는 쉽게 잊히지 않았다.

나는 아이의 손등에 꽂힌 링거 줄과 천천히 흘러드는 피를 바라보며, 내가 숨 쉬고 걷고 있다는 것만으로도 얼마나 큰 축복인지 절감했다.

같은 날, 또 다른 사건이 병동에서 접수되었다.

신고자는 희귀병을 앓고 있는 18세 남학생의 부모였다. 세계에서 201번째로 기록된 질병이라 했고, 병의 시작은 단순한 복통이었다. 이후 병은 빠르게 진행되어, 아버지는 회사를 그만두고 병원 근처로 이사까지 했다. 그는 말했다.

"지금 이 시간이 얼마나 귀한지 알게 됐습니다."

담담하게 이야기를 이어가는 그의 모습에서 고통을 이겨내려는 인간의 강인함이 느껴졌다. 이어서 도난 사건 현장을 확인했다.

환자의 어머니가 잠시 자리를 비운 사이, 가방이 사라졌고 CCTV에는 여성이 그것을 들고 나가는 모습이 고스란히 찍혀 있었다. 절도자의 사정도 있었을지 모르지만, 병원이라는 공간에서 벌어진 그 행위는 단지 물건을 훔친 것이 아니라, 절망 속에서 희망을 지키려는 이들의 마음을 훔친 것이나 다름없었다.

그날 나는 세 장면을 마주했다.

병마와 싸우는 아이, 아이의 삶을 함께 견디는 아버지, 그리고 믿음을 배신한 도둑. 이 각각의 장면은 내게 물음을 던졌다.

나는 지금 어떤 마음으로 이 일을 하고 있는가?

누군가의 고통을 얼마나 깊이 이해하고 있는가?

병원은 더 이상 단순한 민원 현장이 아니었다. 그것은 내 마음을 단련시키는 배움의 공간이 되었다. 아이의 손을 잡은 채 떨고 있던 엄마의 손, 지친 눈빛 속에서도 따뜻한 웃음을 지으려 애쓰던 아버지의 얼굴, 그리고 그 모든 장면을 조용히 바라보는 나 자신. 나는 그 속에서 '감사의 기술'을 배웠다.

"인생은 한 치 앞도 모른다."

우리는 그 하루를 감사로 채울 수 있을까?

그날 병원에서 만난 이들은 고통 속에서도 희망을 잃지 않으려 애쓰고 있었다. 그들의 하루는 내가 일상처럼 보내는 하루와는 너무나 달랐다. 하지만 그들은 여전히 살아가고 있었다. 조용히, 묵묵히, 감사하며…

나는 그날의 일을 일기로 남겼다.

이 기록이 누군가에게 작은 위로가 되길 바란다.

아픔에서도 희망은 피어날 수 있다는 사실을, 그리고 그 희망은 바로 우리가 서로를 바라보는 따뜻한 시선에서 시작된다는 것을, 나는 그날 병원에서 배웠다.

새벽 세 시, 부모의 얼굴

새벽 3시, 무전기에서 울리는 '긴급 호출'에 잠에서 깨어났다.

사람들이 대부분 꿈속을 헤매는 이 시간에도, 누군가에겐 여전히 밤이 끝나지 않았고 또 다른 누군가에겐 새로운 사건이 시작되고 있었다.

'오토바이 폭주'라는 짧은 무전은 곧장 가슴을 무겁게 만들었다. 현장에 도착하니, 내 예상보다 훨씬 어린 나이의 아이들이 서 있었다. 중학교 3학년. 아직 세상이 장난처럼 느껴질 나이였지만, 그들이 벌인 일은 결단코 가볍지 않았다. 그들의 스릴은 누군가에겐 공포였고, 내게는 책임이었다.

나는 신고 처리를 마친 뒤, 부모님들에게 연락을 취했다.

그리고 이른 새벽, 나는 지구대에서 다섯 명의 '아버지 얼굴'을 자세히 마주하게 됐다.

한 아버지는 아들을 보자마자 거친 욕설과 함께 뺨을 날렸고, 또 다른 아버지는 아무 말 없이 담배를 문 채 "법대로 해주세요."라는 말만 남기고 돌아섰다. 한 분은 "늦둥이라 예뻐했는데… "라며 고개를 떨군 채 눈물을 삼켰다.

각기 다른 모습이었지만, 그 안엔 모두 자식을 향한 아픈 사랑이 담겨 있었다. 화와 실망 속에서도, 그들은 여전히 자식이 잘되기를 바라고 있었다. 말과 행동은 달랐지만, 마음만큼은 닮아 있었다.

그날 새벽, 지구대의 공기는 묘한 침묵으로 가득했다.

각자의 방식으로 감정을 눌러 담은 아버지들은 마치 저마다의 고백을 품은 채 조용히 앉아 있었다. 자식을 향한 그들의 마음은 따뜻함보다는 처절함에 가까웠다. 설령 사랑의 표현이 서툴고, 방식이 거칠지라도 여전히 진심이었다.

나는 그날 이후, '사랑'이라는 단어가 반드시 부드럽고 따뜻할 필요는 없다는 걸 다시금 깨달았다. 때로는 가장 거친 말과 가장 무거운 침묵 속에 가장 진한 사랑이 숨어 있었다.

불과 몇 시간 뒤, 또 다른 부부싸움을 중재하게 되었다. 초등학생 두 아들을 유학 보낸 부부였다. 남편은 방학을 맞아 아이들을 잠시 귀국시키길 원했고, 아내는 학업을 이유로 반대했다. 감정이 격해지면서 말다툼은 결국 폭력으로 번졌고, 경찰서로 이어졌다.

남편은 조용히 말했다.

"아이들이 있었으면 이런 싸움은 없었을 겁니다."

그 한마디에 담긴 그리움과 외로움이 고스란히 느껴졌다. 자식을 향한 그리움이 곧 사랑이었고, 그 사랑이 이해받지 못해 폭력이라는 엇나간 표현으로 터진 것 같았다.

부모로서의 존재는 늘 가까이에 있다고 착각하기 쉽다.

하지만 마음은 어느새 멀어져 있을 수 있다. 아이의 하루가 어떤 모습인지, 무엇에 기뻐하고 무엇에 힘들어하는지를 세심히 들여다보는 부모는 많지 않다.

우리는 종종 '함께 있는 것'만으로 충분하다고 믿지만, 진짜 함께 있음은 '마음을 다해 바라보는 것'이라는 사실을 잊고 산다.

이 사건들을 떠올리며, 나는 조심스레 묻고 싶었다.

"아이들이 지금 어디서, 무엇을 하고 있는지 알고 계신가요?"

부모의 사랑은 분명 깊지만, 때로는 너무 늦게 표현되거나, 방향을 잃기도 한다. 그러나 그 사랑이 존재하는 한, 아이들은 다시 길을 찾을 수 있다.

그날 새벽, 나는 다섯 명의 아이들과 그 뒤에 선 다섯 명의 아버지를 기억한다.

세상이 아무리 변해도 부모의 마음은 여전히 제자리에 있다.

아이들의 새벽을 지켜주는 손길, 길을 잃지 않도록 건네는 따뜻한 마음. 그 사랑이 아이들의 인생을 지탱해 주길 바라는 마음으로, 나는 오늘 이 장면을 조용히 일기로 남긴다.

비어 고글, 서울의 밤에 홀린 청춘

　서울의 밤, 특히 강남의 테헤란로는 그 자체가 이야기다.
　화려한 불빛 아래 회식을 마친 사람들이 몰려들고, 그들 사이에는 늘 술에 취한 청춘들이 있다.
　나 또한 그 시각, 그곳에서 수많은 사건을 마주했다.
　밤이 깊을수록 사람들의 감정은 무장 해제되고, 특히 20대의 젊은 남녀가 엮인 사건은 자주 발생했다. 그중에서도 내가 잊지 못하는 한 장면이 있다.
　밤 11시 무렵, 강남 D오피스텔에서 다급한 신고가 들어왔다.
　"남녀가 심하게 싸우고 있다."라는 내용이었다.
　현장에 도착했을 땐 문이 굳게 잠겨 있었고, 노크에도 반응이 없었다. 돌아서려는 순간, 옆집 문이 살짝 열리며 젊은 남자가 얼굴을 내밀었다.

"신고는 저희 집이예요. 싸우다가… "

문을 열자마자 코를 찌른 건 방 안 가득한 술 냄새와 담배 연기였다. 깨진 유리컵, 널브러진 옷가지, 반쯤 비워진 소주병이 그날 밤의 격렬했던 감정을 증명하고 있었다.

남자는 정현호(가명, 23세). 부산 출신으로, 군(軍) 입대를 앞두고 서울에 올라와 여자친구와 함께 살고 있었다. 그는 이렇게 말했다.

"여자친구가 유흥업소에서 일했어요. 돈도 그쪽이 벌었고요. 불러서 같이 살았죠."

처음엔 고마웠다고 했다. 하지만 그녀가 잦은 외박과 술에 찌든 채 돌아오는 모습에 지쳐갔고, 그날도 결국 싸움이 폭발한 날이었다.

"그러면 네가 돈 벌어와." 하는 그녀의 말에 그는 화를 참지 못했고, 격한 몸싸움으로 번졌다. 결국 경찰이 출동하게 되었고, 지구대 동행을 요청하자 그녀는 울먹이며 말했다.

"그냥 저 애 좀 나가게만 해주세요."

잠시 후, 오피스텔 복도에 여행 가방 두 개가 내던져졌다. 술에 취한 현호는 비틀거리며 짐을 챙겼다. 그의 억센 사투리에는 억울함과 혼란이 뒤섞여 있었다. 짐이라 해봐야 낡은 점퍼, 서너 벌의 옷, 그리고 헌 신발 한 켤레가 전부였다.

"야, 내가 사준 시계는 두고 가라."

여자의 말에 그는 잠시 말없이 손목에서 시계를 풀어 내려놓았다.

이 사건은 단순한 연인 간의 싸움이 아니었다.

이는 '비어 고글(Beer Goggle)' 효과였다.

술이 만든 착각, 순간의 감정이 만들어 낸 거짓된 친밀감. 술에 취해 서로를 사랑한다고 믿었지만, 술이 깨면서 그 관계도 함께 깨지고 말았다.

사건은 쌍방 폭행으로 접수됐지만, 둘 다 처벌을 원치 않아 마무리되었다. 남은 건 벌금 고지서와 텅 빈 마음뿐이었다. 그들의 모습에서 나는 어쩌면 서울의 밤을 떠도는 수많은 청춘의 단면을 본 듯했다.

그날 이후, 나는 이런 생각을 하게 되었다.

누군가 단 한 번이라도 이들에게 "지금 이 관계가 괜찮은 거야?"라고 물어봤다면, 그날 밤의 오피스텔 복도에 짐이 나뒹구는 일은 없었을지도 모른다.

우리는 너무 많은 걸 감정에 맡긴 채 살아간다.

술은 잠시 용기를 주지만, 책임은 늘 맨정신의 몫이다. 이 젊은이들은 혼란스러웠고, 그들의 싸움은 결국 자신들의 내면이 비어 있었기 때문이었다. 비어 고글을 벗고 서로를 제대로 바라보았다면, 어쩌면 결과는 달라졌을지도 모른다.

이 사건은 내게 '관계'에 관해 묻는 질문으로 남았다.

그 관계는 진짜였을까? 아니면 그저 술이 만든 착각 속의 동행이었을까? 서울의 밤은 여전히 화려하고, 또 누군가는 오늘도 그 어둠 속에서 외로움과 분노를 술로 달래고 있을 것이다. 나는 그 밤의 청춘들에게 말해주고 싶다.

"지금의 선택이, 너의 내일을 만든다."

그 말이 그들에게, 언젠가는 닿기를 바란다.

햇살 속의 기억, 사랑의 흔적

지구대 근무를 하다 보면 정말 다양한 사연들이 찾아온다.
어떤 이는 급히 잃어버린 물건을 찾으러 오고, 또 어떤 이는 이웃과 다툰 끝에 화가 난 얼굴로 문을 연다. 하지만 가끔은 아주 조용하고 따뜻한 이유로 이곳을 찾는 이들도 있다.
그날도 민원 접수를 정리하던 중, 60대 후반쯤 되어 보이는 할머니가 지구대 문을 열었다.
그녀 옆에는 서툰 걸음으로 따라오는 청년이 있었다.
"지문 사전등록 좀 하려고요."
할머니는 아들을 바라보며 조심스럽게 말을 꺼냈다.
"얘가 길이라도 잃을까 봐서요. 등록해 두면 조금은 안심이 될 것 같아서…"
지문 사전등록은 실종 위험률이 높은 지적장애인이나 치매 노인들을 위해 마련된 제도다. 지문과 얼굴 사진, 인적 사항을 등록해 두면, 만약의 상황에서 빠르게 찾을 수 있도록 돕는다. 한순간의 위기에서 아이를 지켜줄 수 있는 아주 작지만 강력한 안전장치다.

나는 고개를 끄덕이며 등록 절차를 안내하고, 두 사람을 소파에 앉혔다. 청년은 서른이 넘었지만, 인지 능력은 세 살 수준에 머물러 있었다. 이름, 생년월일, 키, 몸무게, 입은 옷 색깔 등 하나하나를 입력하는 동안 할머니는 아들에게 끊임없이 질문을 던졌다.

"오늘 무슨 색 옷 입었지? 신발 색깔은 뭐야?"

청년은 어눌한 말투로 열심히 대답했다. 그 모습이 얼마나 기특하고 대견한지, 자연스럽게 미소가 번졌다. 할머니는 단 한 번도 짜증을 내지 않았다. 오히려 따뜻한 말투로 격려하고, 때로는 설명하며 아이의 마음을 다독였다.

할머니의 말투에는 세월이 녹아 있었다. 오랜 시간 매일 같이 반복된 질문과 대답, 수없이 마주한 상황 속에서도 변치 않은 사랑과 인내가 느껴졌다.

나는 컴퓨터를 다루면서도 계속 그들을 바라보게 되었다.

그들의 대화 속에는 오래도록 쌓인 신뢰와 사랑이 고스란히 배어 있었다.

'언젠가 내가 없을 때도, 이 아이가 혼자 길을 잃지 않기를' 바라는 절절한 그 마음이 느껴졌다.

등록이 끝나자 두 사람은 손을 맞잡고 조용히 지구대를 나섰다. 햇살이 작은 원두막 안을 감싸듯 두 사람의 뒷모습을 따뜻하게 감쌌다.

그 순간, 문득 돌아가신 나의 어머니가 떠올랐다.

내가 철없던 시절, 늦은 귀가에도 불을 켜고 기다리던 그분. 잔소리처럼 들렸던 그 말들이, 지금은 가장 그리운 말이 되었다.

어머니는 늘 조용한 목소리로 말씀하셨다.

"밥은 먹었니?"

"추운데 옷 따뜻하게 입고 나가."

짧고 단순한 말들이었지만, 그 안에는 온 마음이 담겨 있었다. 나는 그 말들을 다 듣지 못하고 지나쳐 버렸던 지난 시간을 떠올리며, 그 따뜻한 음성을 그리워하게 된다.

엄마도 내가 길을 잃지 않기를 바라며, 수없이 내 이름을 불러 주셨던 것이다.

그날 지구대에서 나는 다시금 '사랑'이란 단어의 깊이를 느꼈다. 사랑은 거창하거나 특별한 게 아니다. 매일 반복되는 질문 속에 담긴 진심, 누군가를 오래도록 지켜보며 같은 말을 다정하게 되풀이하는 것. 그것이 진짜 사랑 아닐까.

그 이후로 나는 지구대에서 만나는 민원인들을 대할 때, 그들의 말 속에서 감정을 읽으려 노력하게 되었다. 어떤 이는 화가 나서 왔지만, 그 성난 속에는 두려움과 외로움이 숨어 있었다. 어떤 이는 차분했지만, 그 침묵 속에는 절절한 절망이 있었다.

사람의 말은 행동보다 더 큰 진심을 담고 있을 때가 있다. 그것을 알아차리는 데에는 연륜이 필요했고, 내게는 그 연륜을 키워준 일기와 관찰이 있었다.

부디, 저 아이가 엄마의 손이 닿지 않는 세상에서도 길을 잃지 않기를. 그리고 그 사랑이 오랫동안 아이의 삶 속에 따뜻하게 머물기를, 나는 조용히 기도했다.

지금도 나는 그날의 풍경을 잊지 못한다.

햇살 속을 걸어 나가던 두 사람. 그리고 나는 그날의 기록을 일기장에 남겼다. 언젠가 이 글이 누군가의 마음에 작은 울림이 되기를 바라며. 누군가에게도 이런 햇살 같은 기억이 있기를 바라며.

술잔 속, 반복되는 얼굴들

　밤이 깊어질수록 강남 테헤란로는 다른 얼굴을 드러낸다.
　정장을 차려입은 직장인들이 회식을 마치고 흐트러진 모습으로 웃고 떠들며 거리를 메우고, 누군가는 흐느적거리며 택시를 잡는다. 거리의 택시 기사들은 속으로 눈치를 본다.
　'취했구나. 태웠다간 분명 말썽이겠군.'
　그렇게 술과 피로가 뒤섞인 도시의 밤은 또 하루를 마감한다.
　나는 이 밤의 단면을 누구보다 가까이서 들여다보는 사람이다. 특히 야간근무를 하는 날이면, 취객들과 관련된 신고가 끊이지 않는다.
　"택시비를 안 내고 도망갔어요."
　"누가 식당에서 난동을 부려요."
　"술에 취한 사람이 길에 쓰러져 있어요."
　이런 신고는 익숙하다 못해 이제는 눈을 감고도 예측할 수 있을 정도다.

기억에 남는 사건이 있다.

40대 여성 택시 기사가 지구대 앞에 차를 세웠다. 한 남성이 요금을 지불하지 않은 채 도주하다가 성추행까지 저질렀다는 것. 그는 기자증을 꺼내며 경찰을 무시하는 태도를 보였지만, 결국 수갑을 차고 연행되었다.

술에서 깬 그는 가족 앞에서 고개를 숙였지만, 그 모습에서 진심은 느껴지지 않았다. 피해 여성은 떨리는 목소리로 말했다.

"그날 이후로 아직도 밤에 운전하기가 무서워요."

며칠 전엔 또 다른 일이 있었다.

20대 청년이 분당까지 택시를 타고 와서는 돈이 없다며 시비를 벌였다. 지갑을 바닥에 떨어뜨리고는 없다고 주장하다, 결국 택시 기사가 직접 쫓아가 잡았다. 그 젊은이는 분명히 사회 초년생처럼 보였고, 그날의 감정은 실수처럼 여겨졌다. 그러나 그 한순간이 얼마나 많은 사람을 곤란하게 했는지 그는 알지 못했다.

술에 취한 사람들이 벌이는 일은 단지 일탈로 보기 어렵다. 그 속에는 누적된 스트레스, 해소되지 못한 감정, 때로는 어른으로서 감당하지 못하는 책임 회피가 들어 있다.

나는 이런 사건들을 겪을 때마다, 경찰이지만 한편으로는 상담사나 보호자 같은 역할까지 하게 된다. 어떤 이는 울고, 어떤 이는 화를 내고, 어떤 이는 조용히 침묵한다. 그러나 그들 모두는 공통으로 술이라는 탈출구를 통해 자신을 잊고 싶어 한다.

내가 이 글을 통해 말하고 싶은 것은, 반복되는 사건 속에서도 우리가 놓치지 말아야 할 것은 '사람의 마음'이다. 술에 취한 사람들의 이면에는 외로움과 고독이 있다. 그것을 들여다보는 일은 쉽지 않다. 그러나 나는 일기를 쓰며 그 속마음을 조금이나마 기록해 보려 한다. 그 기록은 나에게 단순한 업무 일지를 넘어, 사람을 이해하는 또 다른 창이 되어준다.

경찰로 일했던 경험 속에서 나는 술이 단순한 음료가 아니라, 누군가의 상처를 덮는 이불이자 또 다른 문제의 시작점이라는 걸 깨달았다. 그래서 더욱 조심스럽게 생각하게 된다. 우리는 얼마나 자주 '술 탓'을 하며 진짜 문제를 덮어버리고 있는지.

오늘도 나는 밤거리를 순찰하며 생각한다.

그 술잔 속에 담긴 건 단순한 알코올이 아니라, 반복되는 외로움과 외면된 마음들일지도 모른다. 그리고 나는 그런 마음을 조용히 기록하는 사람으로 남고 싶다. 어쩌면 내가 쓰는 이 글들이, 누군가에게 작은 거울이 되어줄 수 있기를 바라며.

그날 밤, 나는 일기에 이렇게 썼다.

"반복되는 얼굴들. 그 속에 담긴 마음은 결단코 똑같지 않았다. 술은 감정을 흐리게 하지만, 진심을 지우지는 못한다. 나는 그 흔적을 기억하고 싶다."

그 글이 지금, 누군가의 마음에 닿기를 바란다.

가시 같은 이해

경찰관으로서 가장 복잡하고 깊은 감정을 마주하는 순간이 있다. 그중에서도 사람들의 갈등을 해결하는 일은 감정의 소용돌이를 건너야 하는 시간이다. 싸움은 단순한 물리적 충돌을 넘어서, 마음속 깊은 곳에 쌓인 감정이 터져 나오는 과정이다.

그 안에는 분노와 서운함, 오해와 상처가 뒤엉켜 있고, 우리는 그 갈등의 중심에 서게 된다.

그날도 그랬다.

두 여성, A와 B의 싸움이 신고되어, 현장은 이미 감정의 전쟁터 같았다. 두 사람은 3년 전 유흥업소에서 만나 언니, 동생처럼 지내왔다. 서로의 외로움을 품어주며, 고된 삶을 함께 견뎌온 사이였다.

함께 살며, 웃고 울던 그들이었기에 그날의 싸움은 더욱 비통하게 다가왔다.

사건의 발단은 아주 사소한 것이었다.

B가 A에게 명품 가방을 훔쳤다고 의심했고, 그 말이 씨앗이 되어 관계에 균열이 생겼다.

A는 결국 술을 마시고 B의 집을 찾아갔던 게 화근이었다. 감정은 곧 폭발해 격한 말다툼과 몸싸움으로 번졌다.

내가 도착했을 때, 방 안은 난장판이었다. 산산이 부서진 유리조각과 부서진 물건들, 흩어진 옷가지들 사이로 두 여성의 울부짖음과 원망이 겹쳐 울려 퍼지고 있었다.

이 싸움은 단순한 물건의 문제도, 순간의 분노도 아니었다. 그들의 말과 행동에는 오랜 시간 쌓여왔던 감정의 응어리가 담겨 있었다. 함께 지낸 날들 속에 말하지 못한 서운함과 작은 오해들이 조금씩 쌓여왔고, 결국 그것이 터져 나온 것이다.

가까운 사람에게 가장 큰 상처를 받는다는 말처럼, 그들은 서로에게 깊이 기대어 있었기에 더욱 아팠다.

나는 현장을 정리하며 문득 생각했다.

'이해한다'라는 말이 때로는 칼날이 될 수도 있다는 것을. A와 B는 서로를 잘 안다고 믿었기에, 오히려 그 안다는 확신이 상대의 약점을 더 깊이 찌르게 만들었던 셈이다.

가깝다는 이유로 무심히 던진 말이 상대에게는 평생의 상처가 되기도 하고, 아무렇지 않게 지나친 태도가 마음속에 큰 흉터를 남기기도 한다.

사람과 사람 관계는 늘 복잡하고 미묘하다.

진심과 애정으로 맺어진 관계일수록, 그 끝은 더 아프고 깊을 수 있다. 사랑해서 상처 주고, 아끼다가 등을 돌리게 되는 일은 드물지 않다. 우리는 종종 '잘 안다'라는 이유로, 조심성을 잃는다. 그러나 가까운 관계일수록 더 조심해야 하고, 더 깊이 헤아려야 한다.

그날 싸움 이후, 두 사람은 서로를 향해 조용히 울었다.

내가 조서를 정리하며 다시 두 사람을 마주했을 때, 그들의 눈빛에는 후회와 미안함이 뒤섞여 있었다. 그러나 그 감정조차 말로 꺼내기 어려워 보였다.

때로는 말보다 침묵이 더 많은 이야기를 담고 있다고 하지만, … 나는 그 침묵 속에서 서로를 그리워하는 감정을 읽을 수 있었다.

경찰로서 수많은 갈등을 다뤄왔지만, 유독 그날의 사건은 오래 기억에 남았다.

단순히 범죄를 처리하는 것이 아니라, 관계의 잔해 속에서 사람들의 마음을 들여다보는 일이었기 때문이다.

그날 이후, 누군가를 '이해한다'라는 말을 더 조심하게 되었다. 진심 없는 이해는 오히려 상처를 남길 수 있다는 사실을 배웠기 때문이다.

사람은 감정으로 살아간다. 관계는 그 감정 위에 세워진다. 그렇기에 우리는 더 조심해야 한다. 가까운 사람일수록, 더 따뜻한 말과 배려가 필요하다. 오해는 풀 수 있지만, 무심한 말 한마디는 오래도록 남는다.

그날 두 여인을 보며, 관계의 끝에 남는 것은 결국 감정이 아니라 '사람'이라는 것을 잊지 않겠다고 다짐했다. 경찰서로 향하는 길, 나는 조용히 차창 너머로 어둑한 하늘을 바라보며 생각했다.

10년 전 일기상을 읽으며

'가장 가까운 사람에게 가장 따뜻해야 한다.'

이 단순한 진실을, 우리는 자주 잊고 살아가는 것 같다.

그날의 기록을 나는 일기장에 남겼다.

언젠가 이 글이 누군가의 마음속에 스며들어, 관계를 되돌아보는 계기가 되기를 바라며. 서로를 이해하는 일은 결코 쉬운 일이 아니지만, 가장 소중한 일이기도 하다는 것을, 그날의 두 사람을 통해 다시금 배웠다.

한 사람의 인생에서 배우는 교훈

사업은 해본 적이 없지만, 나는 한 가지는 확신할 수 있다.

성공하는 사람과 실패하는 사람에게는 반드시 이유가 있다는 것을. 그 이유는 바로 '선택'에 있다. 우리가 인생에서 내리는 선택들이 모여 결국 성공 또는 실패라는 결과를 만들어 낸다.

대치동에서 일식집을 운영하던 A의 이야기를 들었을 때, 나는 그의 실패가 단순한 외부 요인 때문만은 아니라는 사실을 알 수 있었다.

음식 솜씨도 좋았고, 열정도 있었다. 하지만 그는 술을 끊지 못했다. 손님보다 먼저 술을 마시는 주인. 그것은 가게가 망하는 가장 빠른 길이었다. 술은 그의 사업뿐 아니라 가정까지도 무너뜨렸다.

아내는 결국 떠났고, 그는 시간제 아르바이트에 의존했다. 그러나 사람을 대신 세운다고 해서 문제는 해결되지 않았다. 본인의 문제는 본인만이 해결할 수 있는 법이다.

자기 관리는 사업의 기본이다. 내가 손수 일할 때와 남에게 맡겼을 때, 손님들의 반응은 확연히 달랐다. A는 술에 의존하면서 자신을 잃었고, 결국 손님도, 사업도, 가정도 모두 잃었다. 세금 문제, 건물주와의 갈등, 손님 감소. 겉으로 드러난 모든 문제의 뿌리는 하나였다. 자신을 다스리지 못한 선택이었다.

술은 고통을 잊기 위한 수단이었을지 몰라도, 결과적으로 그를 더 깊은 구렁텅이로 몰아넣었다. 그는 책임감을 잃었고, 하루하루를 무기력 속에서 떠밀리듯 살아갔다. 그런 그를 바라보며 나는 '삶의 무게보다 더 무거운 것은, 그것을 외면한 시간'이라는 사실을 새삼 느꼈다.

IMF 시절, 많은 이들이 쓰러졌다.

그러나 산을 오르며 자신을 다독이고 관리하여 다시 일어난 사람들도 있었다. 그들은 환경보다 자기 자신을 먼저 바꿨다. 술에 기대며 신세타령만 하는 사람은 다시 일어서기 어렵다.

결국 중요한 것은 어떤 상황에서도 자신을 어떻게 지키느냐는 것이다. 실패의 원인을 남 탓으로 돌리는 한, 같은 실패는 반복된다.

나는 이 사건을 통해 다시금 확신했다.

실패는 대부분 내면에서 비롯된다. 인생에서 성공이든 실패든, 그것은 결국 자기 자신과의 싸움의, 결과이다. 선택은 스스로의 몫이고, 그 선택에 대한 책임도 오롯이 자기 자신의 몫이다.

또 다른 누군가도, 지금 어떤 선택의 갈림길에 서 있을지 모른다. 내가 들려준 이 이야기가 누군가의 삶에 작은 전환점이 되었으면 한다. 나 또한, 나의 삶에도 내가 선택한 길들이 있었고, 그 선택은 분명 내 삶의 결과를 좌우했다. 지금, 이 순간에도 나는 선택하고 있고, 그 선택이 미래의 나를 만들어 갈 것이다.

 한 사람의 인생에서 배울 수 있는 가장 큰 교훈은, 삶은 결코 남 탓으로 바뀌지 않는다는 것이다.

 자신의 삶을 바꾸고 싶다면, 자기의 내면(內面)부터 돌아보고, 그 안에서 해답을 찾아야 한다. 그리고 그 깨달음이야말로, 실패를 성장이나 성공으로 바꾸는 첫걸음이 된다.

 우리는 모두 실패를 두려워한다.

 그러나 실패는 두려워할 대상이 아니다. 그것은 잠시 멈춰 자신을 돌아보라는 신호일 수 있다. 그 시간을 헛되이 흘려보내지 않는다면, 실패는 결국 더 나은 나로 나아가는 통로가 된다. 한 사람의 인생이 그려준 이 진실을, 나는 오래도록 마음에 새기며 살아가고자 한다.

아버지의 언어

언제부터였을까. 아버지는 점점 말을 아끼셨다.
어릴 적, 아버지의 목소리는 늘 거칠고 강하게 기억된다.
"공부해라."
아버지가 내게 가장 많이 하신 말이다. 책상 앞에 앉아 있으면 그냥 지나치지 않으셨다. 말대답이라도 하려 들면, "말대답하지 마." 하시며, 말보다 눈빛으로 무게를 얹으셨다. 그때마다 나는 억울해하며 눈물을 삼켰다.

그럼에도 아버지의 말 속에는 분명한 방향이 있었다. 또 한편으로는 무뚝뚝했지만, 분명한 애정도 담겨 있었다. 그랬던 아버지가 어느 날부터 조용해지셨다.

엄마와 다툼이 있었던 날에도, 예전 같았으면 아버지의 목소리가 더 크게 울려 퍼졌을 상황이었다. 하지만 아버지는 아무 말씀도 하지 않으셨다. 그 침묵은 말보다도 더 깊고 무거운 울림으로 다가왔다.

경찰 근무 중 어렵게 휴가를 내어 고향 집에 가면, "왔나." 아버지는 늘 그렇게 인사를 대신하셨다. 무뚝뚝하고 짧은 말. 하지만 거기엔 반가움도, 걱정도, 사랑도 다 들어 있었다.

아버지는 매일 과수원을 오가며, 작지 않은 땅을 땀으로 일구셨다. 어느 날, 작은 원두막 안에서 점점 늘어나는 빈 술병들을 발견했다. 처음엔 피곤해서 그러시겠거니 했지만, 시간이 흐르며 그것이 단순한 피로의 흔적이 아님을 알게 되었다. 말로 꺼내지 못한 외로움과 고단함의 상징이었다.

원두막은 그저 더위를 피하는 공간이 아니었다. 그 안에서 아버지는 하루의 고단함을 내려놓았고, 누구에게도 꺼내지 못한 마음을 묵묵히 삭이고 계셨다. 조용한 속울음, 말없이 비워낸 술병, 수없이 삼킨 말들... 아버지의 침묵은 말이 없어서가 아니라, 너무 많은 것을 말하지 않기 위해 감춰둔 사랑이었다.

요즘 들어 아버지가 더 자주 생각난다.

그건 단지 어버이날이 다가와서만은 아니다. 나도 이제 아버지가 되어, 두 아들의 인생을 걱정하며 가슴 깊은 곳에서 기도하고 있다.

"늦지 마라, 건강 챙기고, 차 조심해... "

이런 기도를 반복하며 나도 아버지처럼 되어가고 있다. 내 인생의 기도는 단지 특별한 날에만 드리는 것이 아니다. 바람 부는 계절에만 하는 가을의 기도는 더더욱 아니다. 이것은 평생의 기도다.

아버지란 사람은 살아가는 내내, 말없이 반복하는 기도다. 평생에 걸쳐, 아버지기 그렇게 해주셨던 것처럼, 나 역시 아들들에게 기도하고 있다. 어느 시인은 말했다.

"아버지의 마음은 아버지가 돌아가신 후에야 알게 된다."

참으로 아프고, 참으로 진솔한 말이다. 엄마는 화가 나면 울기도 하고, 소리를 높이기도 한다. 그러나 아버지는 나이가 들수록 점점 말이 줄고, 집안에서도 더 조용한 존재가 되어간다. 그 침묵은 무의미한 고요가 아니라, 속으로 새까맣게 타들어 가는 마음과, 행여 말하면 무너질까 삼켜버린 말들이 숨어 있는 시간이었다.

나는 차 안에서 혼자 눈물을 훔치곤 한다.

소리 없이 울고, 하늘을 바라보며 조용히 중얼거린다.

"지치면 안 돼. 약해지면 안 돼. 나는 아버지니까."

말도 안 되는 이 기준 속에서 세상의 모든 아버지는 가장 앞에서 버티고, 가장 뒤에서 눈물을 흘린다. 하지만 그 울음은 누구에게도 들리지 않는다.

이제야 알 것 같다.

아버지는 늘 나를 위해 기도하고 계셨구나. 아버지의 조용한 사랑이, 긴 침묵이 지금의 나를 지탱해 주었구나. 그리고 지금, 그 기도를 내가 이어가고 있다.

아버지라는 이름은, 세상에서 가장 조용한 사랑이며, 가장 깊은 기도이고, 가장 오래 남는 목소리다.

인생의 끝자락에서 만난 두 사람 이야기

✶

삶은 선택의 연속이다.

그리고 그 선택은 종종 우리를 아주 다른 방향으로 이끈다. 어느 날, 나는 경찰로서 두 사람을 마주하게 되었다. 그들은 서로 닮은 점도 있었지만, 삶을 대하는 태도는 극명하게 달랐다.

그날 이후, 나는 그 두 사람의 이야기를 자주 떠올린다.

마치 인생의 양극단을 보여주는 한 편의 영화처럼.

K는 53세의 말기 간암 환자였다. 과거엔 건설업으로 성공하여 직원을 여럿 둔 사장이었다. 서울에서 교사였던 아내와 화목한 가정을 꾸렸던 사람이다.

그러나 그는 경마에 빠졌고, 술을 이기지 못했다. 사업은 무너졌고, 아내와도 이혼했다. 그렇게 천천히 무너져 간 그는, 결국 신림동의 좁은 옥탑방에서 술에 취해 지내는 삶을 살고 있었다

그날도, 그는 술에 취해 식당에서 종업원에게 성추행하다, 신고 되어 우리가 출동하게 되었다.

현장에서 만난 K는 몸도 마음도 지쳐 있었다. 병든 몸으로 전과 10범이라는 점을 강조했다. 강하게 체포를 거부하며 버텼다. 거친 숨결 사이에서 그가 내뱉은 한마디, "딸이 보고 싶다."라는 말은 내 가슴을 서늘하게 만들었다.

그 순간, 그에게 남아 있는 인간적인 감정이 느껴졌다. 하지만 이미 너무 많이 잃어버린 그였기에, 그 말조차 허망하게 들렸다. 술과 도박, 방탕한 삶이 만든 결과였다. 그의 삶은 후회로 얼룩졌고, 이제는 되돌릴 수 없는 시간만이 남아 있었다.

반면, L은 퇴직을 몇 년 남기지 않은 경찰관이다. 간암 진단을 받고서도 살아내기를 선택한 사람이다. 그에게도 위기는 있었다.

그러나 그는 몸을 돌보고, 간절히 버텼으며, 결국 간 이식이라는 기적을 통해 두 번째 삶을 얻게 되었다. 그는 여전히 경찰관으로서 현장을 누비며, 매일매일 감사해하며 살아간다. 그의 눈빛은 맑았고, 말투는 침착했다. 삶을 얼마나 소중히 여기고 있는지, 굳이 말하지 않아도 느껴졌다.

L의 이야기를 들으며 나는 고개를 끄덕이게 되었다. 살아보려는 의지가 어떤 힘을 가지는지, 그를 통해 확신하게 되었다.

그리고 동시에 K를 떠올렸다. 같은 병, 같은 인간, 그러나 전혀 다른 선택. 그 차이가 결국은 인생의 결말을 갈랐다. K는 여전히 과거에 매여 있었고, L은 현재를 딛고 미래를 향해 나아가고 있었다.

우리는 모두 크고 작은 실패와 시련을 겪는다.

중요한 것은 그것을 어떻게 받아들이고, 어떤 선택을 하느냐다. 인생은 '한 방'이 아니라 '매일의 쌓임'이다. K는 반복된 방종으로 삶을 잃어갔고, L은 절제와 노력으로 다시 태어났다.

나는 오늘도 일기를 쓰며, 내 삶을 점검한다.

내가 어떤 방향으로 걷고 있는지 돌아보며, 언젠가 내게도 찾아올 선택의 순간에 후회 없는 길을 택하길 바란다. 그리고 독자 여러분에게도 조용히 묻고 싶다.

지금, 여러분은 어떤 삶을 선택하고 있습니까?

이 책 마지막 장을 덮으며, 나와 같은 누군가도 조용히 하루를 돌아보고, 오늘의 선택을 따뜻한 내일로 이끌 수 있기를 바란다. 우리의 선택이 후회가 아닌 희망으로 이어지기를. 그리고 그 길 끝에서 우리 모두 스스로의 인생에 떳떳할 수 있기를 진심으로 소망한다.

맺는말
지금부터, 그대의 하루를 써보세요

　이 책은 누군가에게는 익숙한 일기 쓰기를 권유하는 용도로, 또 누군가에게는 전혀 새로운 시작의 손짓으로 다가갈 수 있습니다.
　내가 처음 일기를 썼던 날을 떠올립니다.
　그날은 별일 없던 하루였지만, 그 조용한 아침의 감정을 적는 순간, 나는 내 삶의 중심으로 깊이 들어가는 경험을 했습니다. 그 후로도 일기는 내게 매일매일의 등불이 되어주었습니다.
　돌아보면, 삶은 거창한 사건보다 작은 마음의 진동들이 모여 만들어지는 것 같습니다. 그리고 그 작은 진동들을 놓치지 않고 붙잡아주는 존재가 바로 일기였습니다.
　이 책에 담긴 내용은 어느 것 하나 특별한 전문가의 글도 아니고, 대단한 사건도 아닙니다. 그저 내가 살아오며 느끼고, 기록하고, 다짐하며 써온 날들의 조각입니다. 그리고 이 조각들은 모두 '일기(日

記)'라는 단어 하나로 엮여 있습니다. 나 자신에게 가장 솔직했던 시간, 그리고 가장 진심으로 써 내려간 기록들입니다.

이제 책을 덮는 그대에게 전하고 싶은 마지막 말이 있습니다.

글은 쓴 사람만이 세상에 흔적을 남깁니다. 어떤 생각이든, 어떤 감정이든, 써야 비로소 내 것이 됩니다.

읽고, 느끼고, 쓰는 이 단순한 반복의 습관 속에서 어느새 그대도 '쓰는 사람'이 되어 있을 겁니다.

'오늘 별일 없었지만, 그래도 써본다.'

그 마음 하나면 충분합니다.

지금, 이 순간에도 누군가는 일기를 쓰고 있습니다. 자신을 다독이고, 또 하루를 정리하며, 조용히 마음을 쏟아냅니다.

이제 그대의 하루를 써보세요.

삶은 기록하는 만큼 깊어지고, 글은 쓰는 만큼 그대를 변화시킵니다. 일기 쓰는 오늘이, 그대의 내일을 바꿔놓을지도 모릅니다.

그대, 그렇게 하루 한 줄씩 써 내려가며 자기만의 이야기로 살아가길 소망합니다.